나이 오십은 얼마나 위대한가

나이 오십은 얼마나 위대한가

발행일	2025년 4월 3일

지은이	이은대		
펴낸이	손형국		
펴낸곳	(주)북랩		
편집인	선일영	편집	김현아, 배진용, 김다빈, 김부경
디자인	이현수, 김민하, 임진형, 안유경	제작	박기성, 구성우, 이창영, 배상진
마케팅	김회란, 박진관		
출판등록	2004. 12. 1(제2012-000051호)		
주소	서울특별시 금천구 가산디지털 1로 168, 우림라이온스밸리 B동 B111호, B113~115호		
홈페이지	www.book.co.kr		
전화번호	(02)2026-5777	팩스	(02)3159-9637

ISBN	979-11-7224-583-2 03190 (종이책)	979-11-7224-584-9 05190 (전자책)

(주)북랩 성공출판의 파트너

북랩 홈페이지와 패밀리 사이트에서 다양한 출판 솔루션을 만나 보세요!

홈페이지 book.co.kr • **블로그** blog.naver.com/essaybook • **출판문의** text@book.co.kr

작가 연락처 문의 ▸ ask.book.co.kr

작가 연락처는 개인정보이므로 북랩에서 알려드릴 수 없습니다.

다르게 살아야 할 때가 되었다

나이 오십은 얼마나 위대한가

이은대 지음

돈과 일,
그리고 행복, 태도까지
삶의 큰 틀을 이루는 다섯 가지 주제
50

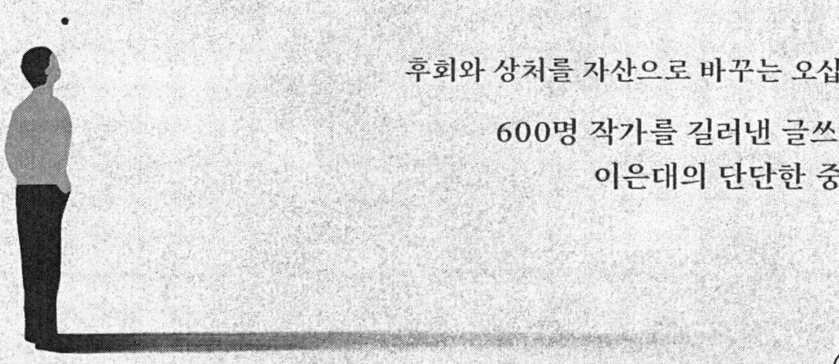

후회와 상처를 자산으로 바꾸는 오십의 용기!

600명 작가를 길러낸 글쓰기 멘토,
이은대의 단단한 중년 수업

북랩

2018년 어느 일요일 저녁. 서울 강남에서 강의 마친 후 몇몇 뜻이 맞는 수강생들과 한잔하기로 했다. 어디로 갈까 방황하다가 눈에 띄는 술집이 있어 우르르 지하 계단으로 내려갔다. 입구에 검은색 양복을 입은 건장한 남자 둘이서 험한 눈을 뜨며 우리를 저지했다. 들어갈 수가 없단다. 버젓이 장사를 하는 중인데도 우리만 못 들어가게 한다. 그렇다. 거긴 젊은 친구들, 그러니까 '물이 좋은' 술집이었다. 누가 봐도 중년 아저씨라서, 스무 살과 서른 살 모여 노는 곳에 입장할 수가 없는 거였다.

수강생 둘이 대구에 놀러 온 적도 있다. 동성로에 가서 간단히 저녁 먹고 2차로 술집을 찾았다. 초저녁인데도 제법 많은 사람이 입구에서부터 줄지어 서 있다. 자리가 없는 건가 싶었더니, 그게 아니라 신분증을 검사하고 있었다. 미성년자는 입장

불가! 나는 저 뒤에서부터 지갑을 꺼내들었다. 내 차례가 되어 신분증을 제시하려는데 종업원들이 흔쾌히(?) 자리를 안내해 주었다. 나도 모르게 물었다. "왜 우리는 신분증 보자 소리 안 합니까?"

마음은 한창인데 얼굴과 몸은 오십 넘었다. 나도 젊은 친구들 노는 곳에 들어가고 싶고, 나도 신분증 검사 받고 싶다. 어디 가서 이런 소리 하면 주책이란 말밖에 더 듣겠는가. 참으려고 하는데도 속에서 뭔가 욱하고 치밀어 오른다. 먹고 살기 위해 밤낮으로 뛰어다니다가 사업 실패 후 인생 쫄딱 망해버렸고, 이후로 망한 인생 되살리기 위해 그야말로 목숨 바쳐 일했다. 그러는 동안 세월은 흘렀고, 이제 오십을 훌쩍 넘어버린 거다. 억울하다. 분하다. 원통하다. 내 나이가 어때서! 오십이면 한창이라고! 지금 내가 스무 살 서른 살과 붙어도 무슨 일이든 이길 자신 있는데.

생각이 이쯤에 미치자 도저히 가만히 있을 수 없었다. 책 쓰기로 결심했다. 그래! 나이 오십이 얼마나 대단한지, 얼마나 깊이 있고 진중한 철학과 가치관 지녔는지 보여주고 말 테다! 나이 오십에 이르면서 하게 되는 생각과 일상을 정리해 보았다. 나이 때문에 서럽고 분한 사람이 이 책 읽으면서 고개 끄덕이고 공감하고, 그래서 자기 나이를 사랑할 수 있으면 좋겠다.

다섯 개 챕터로 구분해 보았다. 첫 번째 장은 "돈"에 관해서다. 인생에 관한 온갖 좋은 말 다 갖다 붙여도 결국 돈은 있어야 되겠더라. 돈 때문에 설움 당한 이야기부터 시작해서 돈에 대한 관점과 돈 버는 사람의 마음가짐 등, 보고 듣고 깨달은 점 정리해 보았다. 두 번째 장은 "관계"에 대한 내용이다. 살아 보니 제일 힘든 게 사람이더라. 기쁘고 행복한 순간에도 사람이 곁에 있었지만, 슬프고 괴롭고 불행한 순간에도 그 이유가 사람이었다. 관계에 대한 나의 철학을 담았다. 세 번째는 "일"이다. 나는 워커홀릭이다. 일 때문에 망했고, 일 덕분에 다시 살았다. 인공지능 시대라 하지만, 결국 우리 인간은 일로써 존재 가치를 실현해야 한다. 중년의 일은 어떠해야 마땅한가. 같이 생각해 볼 수 있으면 좋겠다. 네 번째 장은 "행복"이다. 그렇다. 결국은 행복하기 위해 살아가는 것 아니겠는가. 다만, 우리가 좇는 행복이 망상이 아니라 현실이기 위해서는 무엇을 어떻게 생각하고 받아들일 것인가 고민해 볼 필요가 있겠다. 끝으로, "태도"에 관한 내용도 실었다. 강의 시간에 항상 강조한다. 다 필요 없다. 태도가 바르고 곧아야 글도 쓰고 돈도 벌고 사랑도 한다. 내가 인생에서 가장 중요하게 생각하는 키워드를 이 책의 마지막 장으로 구성했다.

어렸을 적에는 오십 먹은 남자 보면서 다 살았구나 생각했었다. 정작 내가 오십 되고 보니 이제부터 삶이 시작되는 것 같다.

나이 오십은 얼마나 위대한가

어디 오십뿐이겠는가. 어떤 나이든 바라볼 때와 자신이 이르렀을 때 느낌과 현실이 전혀 다를 터다. 다만 한 가지. 몇 살이 되었든 우리는 주어진 나이와 오늘에 최선을 다하며 살아야 한다는 사실만큼은 틀림이 없다. 하늘 바라보며 지난 세월 돌이켜 한숨 쉬기엔 지금 이 순간이 너무 아깝다. 살아온 날들보다 살아갈 날이 더 적게 남았을지도 모르겠지만, 아무것도 모른 채 그저 살기에만 급급했던 젊은 날에 비하면 세상과 인생을 조금이나마 아는 채로 살아내는 오십의 날들이 훨씬 아름답고 근사하지 않겠는가.

오십대만 들어갈 수 있는 식당. 입구에서 오십대 맞는지 신분증 검사하는. 그런 곳을 확 만들어버릴까 싶었지만, 이 책을 쓰는 동안 마음이 한결 편안해져서 모두 용서(?)하기로 했다.

차례

2장 관계 ——— ✳

3장 일 ——— ✳

4장 행복 ——— ✳

5장 태도 —— ✳

1장

돈

집착할 때마다 나는 괴로웠다

　돈이 없을 때보다 돈 많이 벌어야겠다는 사실에 매달릴 때, 나는 더 불행했다. 가난은 일상을 아쉽게 만들지만 그런대로 살아갈 수는 있다. 사업 실패로 모든 것을 잃고 주머니에 만 원짜리 한 장 가지고 있지 못했을 때도 매일 밥 먹고 살았다. 돈이 없다는 건 더 이상 생존의 문제는 아닌 듯하다. 적어도 요즘 세상에서는.

　살아갈 수 있는데도 살아내지 못할 것만 같다는 생각. 돈에 대한 집착이 나를 괴롭게 했다. 책임져야 할 가족, 창창한 미래, 주변 사람들의 시선. 돈이 내 인생을 그럴듯하게 만들어준다는 믿음 때문에 한시도 돈 생각에서 벗어나지 못했었다. 목표와 계획이 따로 있었던 게 아니라, 그저 돈 자체가 목적이었던 거다.

　남자든 여자든 아무리 매력적인 사람이라도 집요하게 쫓아다니며 사랑한다는 말을 습관처럼 내뱉고 아침저녁으로 대문 앞에서 기다리고 졸졸 따라다닌다면 지겹다 못해 두렵기까지 할 것이다. 사랑을 받아들이기는커녕 어떻게든 멀리 쫓아버리고 싶겠지. 돈도 마찬가지다. 의연하고 초연하게 앞만 보고 나아가면, 성취와 성장에 따른 부산물로 돈이 따르게 마련이다. 눈앞에 돈을 두고 맹목적으로 잡으려 하면, 돈은 점점 멀어진다.

　돈은 깃털이나 나비와 같다. 손으로 휘저으면 절대 잡을 수 없다. 고요하게 앉아 자신에게 집중하고 있으면, 어느새 깃털과 나비는 곁에 내려와 앉는다. 이러한 사실을 알면서도, 당장 급한 불을 꺼야 한다는 조급함과 강박으로 돈을 좇는 사람 많다. 나도 그랬다. 정상적인 상황에서는 돈을 좇지 말아야 한다고 생각하면서도, 돈 급한 상황이 되면 눈이 엽전 모양으로 바뀌는 거다.

　돈 많이 벌어 보기도 했고, 싹 다 잃어 보기도 했으며, 이제 아쉽지 않을 만큼 벌고 있기도 하다. 돈 때문에 무너지기도 했고, 돈에 관한 철학 바꾸면서 다시 살아내기도 했다. 돈에 관한 다양한 경험을 하면서 깨달은 한 가지. 돈은 좇을수록 갖지 못한다는 사실이다. 부자가 되고 싶다면, 가장 먼저 돈 스토킹부터 멈춰야 한다.

　방법, 비법, 지름길, 노하우 등에만 관심 있는 사람 많다. 독서를 시작하려는 이들이 가장 먼저 찾는 것이 독서법이다. 쉽고 빠르게, 그러면서도 제대로! 이렇게 읽을 수 있는 비법을 배우기만 하면 책을 술술 잘 읽을 수 있게 될 거라고 믿기 때문이다. 10년 넘게 매일 책 읽고 있지만, 그런 지름길은 없다. 묵묵히 한 줄씩 읽어 내려가는 것이 최고의 독서법이다.

책 읽는 방법보다 더 중요한 것이 '왜 읽는가', 바로 목적성이다. 이 책을 읽어야만 하는 이유, 이 책에서 무엇을 배우려 하는가. 목적이 분명하면 그 목적에 부합하는 내용이 눈에 들어온다. 목적 없이 읽는 사람은 다 읽어도 남는 게 없지만, 목적이 뚜렷한 사람은 책 내용을 자기 것으로 만들 수 있다.

돈도 마찬가지다. 돈 많이 버는 방법, 쉽고 빠르게 돈 버는 비법. 세상에 없는 노하우를 찾아 헤매고 있으니 돈은 벌지 못한 채 시간만 보내는 거다. 방법보다 중요한 게 철학이다. 나는 왜 돈을 많이 벌려고 하는가. 내가 얼마를 벌고자 하는 목적은 무엇인가. 돈은 내게 어떤 의미이며 가치인가. 돈에 대한 확고한 철학과 가치관을 정립하면, 비로소 돈 에너지가 끌려오기 시작한다. 사람도 돈도 세상 모든 것들이 에너지다. 가지기 위해 마구 덤비는 행위는 에너지라는 측면에서는 아무 쓸모가 없다. 원하는 걸 가질 수 있는 최선의 길은 나름의 철학과 가치관을 분명하게 세우는 거다.

나이 오십을 넘기고 보니, 젊은 시절 돈을 좇아 낭비했던 세월이 아쉽다. 돈은 지금부터라도 벌 수 있는 기회가 얼마든지 있지만, 사라진 청춘과 잃어버린 시간은 되돌릴 길이 없다. 헛헛한 마음으로 창밖에 내리는 비를 바라보면서 내가 왜 그리 돈, 돈, 돈 하면서 살았을까 후회해 본다.

　나와 같은 인생 참회를 하는 이가 없었으면 좋겠다. 한 달 만에 수억을 벌 수 있다는 화려한 광고에 휘둘리지 말고, 어떤 인생 만들 것인가 좀 더 깊이 있고 가치 있는 접근을 해 보면 어떨까. 젊은 친구들이 이 글을 읽는다면, 또 나를 꼰대라 부를 테지. 이 책을 쓰는 목적 자체가 아주 제대로 꼰대가 되어 보자는 취지였으니 그 또한 받아들여야 할 몫이다.

　돈을 좋아한다. 돈 덕분에 우리 가족 걱정 없이 살고 있고, 돈 덕분에 글만 쓸 수 있는 자유를 누린다. 스토킹 멈추고 철학과 가치관을 정립하라고 권하면서도 이렇게 돈 예찬을 하는 이유는, 필요한 만큼의 돈을 벌 수 있는 나만의 노하우를 공유하기 위함이다. 욕심부리지 않고 인생 가꾸기 위해 돈 벌고자 하는 사람이라면, 내 방법과 조언이 도움 될 거라 확신한다. 돈 좇지 말고 사람 좇으면 된다.

돕겠다 작정하면 돈 벌 수 있다

　사회생활 시작했을 무렵, 돈을 많이 벌고 싶다는 욕심이 가득했다. 특별한 이유는 없었다. 돈 걱정하는 사람들 보면서 나는 절대 저렇게 살지 않겠다고 다짐했고, 나중에 나이 먹어서도 차비 걱정 없이 택시 타고 여기저기 다니고 싶다는 막연한 바람을 품고 있었기 때문이리라. 어쨌든, 돈만 많이 벌면 인생 아무 문제도 없을 거라고 확신한 채로 살았다.

　대기업에 다니면서도 다른 친구들보다는 조금 더 벌었고, 회사 그만둔 후에 개인 사업을 하면서도 제법 돈 벌었다. 어느 정도 벌면 만족하고 감사하고 누릴 줄 알아야 하는데, 나는 돈 그 자체가 목적이었기 때문에 벌면 벌수록 더 많이 벌어야 한다는 강박에 사로잡히고 말았다.

　끝도 없는 돈 욕심 때문에 이미 충분히 벌고 있던 나의 상황과 현실에 늘 불평과 불만 잔뜩 안고 살았다. 나보다 더 많이 버는 사람들 보면서 이를 갈았고, 한 사람 뛰어넘으면 또 다른 사람 쫓기 시작했다. 자칫 잘못 생각하면, 높은 목표 세우고 도전하여 성공하는 근사한 삶으로 착각하기 쉽지만, 실제로는 전혀 아니었다.

나는 늘 불안하고 초조했다. 각자 자기 몫의 돈을 벌어가는 것인데도 매 순간 마치 내 것을 빼앗기는 듯한 느낌이 들었다. 잠도 편히 못 자고, 휴식도 제대로 취하지 못했다. 시뻘겋게 충혈된 눈으로 돈 버는 일만 쫓아다녔다. 그 길의 끝은 뻔했다. 나는 사업에 실패했고, 모든 것을 잃은 채 절벽 아래로 추락하고 말았다. 전과자, 파산자, 알코올 중독자, 막노동꾼. 쓰나미가 덮친 내 삶은 산산조각났다.

사람들은 내게 돈 버는 방법에 관해 묻는다. 쫄딱 망한 후에도 이렇게 다시 보란 듯이 일어섰으니, 아마도 무슨 비법 같은 게 있지 않을까 생각하는 모양이다. 맞다. 비법이 있다. 돈 버는 비법. 덕분에 나는, 혹여 내 삶이 이후에 다시 무너지는 일 생기더라도 얼마든지 일어설 자신이 있다. 돈 버는 비법은 바로 '남을 돕는 일'을 하는 거다.

공자님 말씀을 하려는 게 아니다. 철저하게 경제 관점에서 돈 버는 노하우를 전하고자 한다. 앞서 말한 것처럼, 나는 사업 실패로 모든 걸 잃었다. 그게 마흔 시작 무렵이었으니, 10년 만에 정상적인 삶의 수준을 뛰어넘을 만큼 재기에 성공한 셈이다. 그러나, 이번에는 과거와 달랐다. 나는 돈을 추구하지 않았다. 모든 걸 잃은 내가 '다른 사람을 도울 방법'이 없을까 고민했다. 감옥에서 책 읽다가 정신이 번쩍 드는 문장들을 발견하고는 다시 살아야겠다고 생각했다. 혹시 내가 글을 쓴다면, 내 글을 읽는 사람들에게도 다시 살아낼 힘 줄 수 있지 않을까. 이것이 내가 글 쓰고 강의 시작한 계기다.

처음에는 처참한 실패를 딛고 일어서는 내 이야기를 전하려 했었는데, 글쓰기에 관한 첫 책을 출간하고 나니까 생각보다 많은 독자들이 도움을 받았다는 후기를 올려주는 바람에 사업 방향을 바꾼 거다. 내가 글 쓰고 책 출간한 경험이 남다르니까 이걸 가지고 작가 지망생들 도울 수 있겠다! 특히, 삶이 완전히 무너진 상태에서 글을 썼고, 그 와중에 마음까지 잘 추스릴 수 있었으니 전해줄 말도 많겠다 싶었다.

이전처럼 돈에 환장해서 날뛰지 않았다. 한 사람 한 사람 자신의 이야기를 끄집어내어 세상에 도움 되는 책 출간할 수 있도록 '도왔다.' 먹고 살기 빠듯했지만, 수강생들이 출판사와 계약을 체결하고 그들의 이름으로 책 출간하는 순간을 지켜보면서 얼마나 행복했는지 모른다. 과거에 돈 그렇게 많이 벌면서도 단 한 번도 느껴보지 못했던 행복. 결심했다. 남은 평생 "돈보다 돕겠다"를 실천하기로.

입소문은 빠르게 퍼져갔다. 초라하게 운영 중이던 내 블로그를 찾는 사람도 꾸준히 늘어갔다. 한 달에 2~3회 전국 다니면서 〈글쓰기/책쓰기〉 강의했다. 더 많은 내용을 더 다양하게 전해주기 위해 매일 읽고 쓰면서 나부터 공부했다. 습작, 블로그, 일기, 서평, 스토리텔링 등 수강생들에게 도움 될 만한 내용이라 판단되면 닥치는 대로 쓰고 또 썼다. 덕분에 내 글도 점점 좋아졌고, 개인 저서도 꾸준하게 출간할 수 있었다. 내 삶이 좋아지면서 더 많은 수강생이 내게 와주었고, 덕분에 [자이언트 북 컨설팅]이라는 흔들리지 않는 탑을 쌓아 올릴 수 있었다.

　다양한 책과 유튜브 채널에서 "돈에 미쳐야 돈 많이 벌 수 있다!"라는 식의 주장을 만날 수 있다. 읽고 시청하는 사람 입장으로는 심장이 뜨거워질 만하다. 분명히 말하는데, 돈에 환장하는 사람은 돈을 제대로 벌 수 없다. 돈에도 중독이 된다. 명확한 목표나 확고한 철학 없이 무작정 돈만 많이 벌려고 덤벼드는 사람은, 당장은 큰돈을 벌 수 있을지 모르겠지만, 돈에 대한 가치와 의미를 새기지 못하기 때문에 결국 자멸할 수밖에 없다. 천만 원만 벌면 소원이 없겠다고 말하던 사람이 실제로 천만 원을 벌게 되니까 곧바로 이천만 원 벌고 싶다며 욕심을 부리더라. 그렇게 점점 더 많은 돈을 바라면서 사는 동안 현실의 자신이 누리고 챙겨야 하는 행복과 가족과 일상은 하나씩 떨어져 나가게 된다. 어느 순간 삶을 돌아보면 허탈하고 공허한 자신밖에 남지 않았음을 알게 될 터다. 그제야 돈이 전부가 아니었단 사실을 깨닫지만 이미 늦었다.

다른 사람 도우면서 살아야 하고, 그렇게 해야 제대로 돈 벌 수 있다. 어떤 사람들에게 무슨 도움을 줄 것인가? 이것이 바로 '콘텐츠'다. 정리 잘하는 사람은 정리 하나 가지고도 평생 남 도울 수 있고, 실패 많이 해 본 사람은 실패 견디는 요령에 대해 알려줄 수 있고, 부부싸움 많이 해 본 사람은 칼로 물 잘 베는 법에 대해 전할 수 있다. 모든 사람은 각자의 콘텐츠를 가지고 살아간다. 다만, 스스로 자기 인생 경험을 대수롭지 않게 여길 뿐이다.

무엇을 해서 돈을 벌 것인가. 접근법이 틀렸다. 나는 무엇으로 어떤 사람을 도우며 살아갈 것인가. 이렇게 생각해야 길이 트인다. 돕다 보면 돈도 생기고 사람도 모인다. 성공한 사람들의 시작은 항상 '돕는' 마음과 행위였다. 인생 중반을 넘어선 사람이라면, 지금부터 다른 사람 돕는 일에 몰두해야 한다. 돕지 않는 인생이라면 백 살 넘게 산다 한들 무슨 의미가 있겠는가.

쓸모없는 경험은 없다

　재수 끝에 합격 소식 받은 날 상상했던 것보다 훨씬 기뻤다. 고등학교 졸업과 동시에 대학의 문턱을 넘은 친구들보다 한 해 더 고생한 보람 있었다. 군 전역을 앞두고 대기업에 취직했을 때도 행복했다. 어느 때보다 취업이 힘든 시기였기 때문에 나름 공부하고 노력한 대가를 돌려받는 것 같아 기분 좋았다. 승진했을 때도, 결혼했을 때도, 아들이 태어난 날도, 나는 기쁘고 행복하고 세상 다 가진 듯했다.

　사업 실패했을 때, 인생 끝나는 줄 알았다. 파산하고 감옥에 가고 막노동을 하고 알코올 중독에 걸리고……. 그렇게 인생 바닥을 헤매는 동안, 열심히 살아온 대가가 고작 이런 것인가 회의에 빠져 허우적거렸다. 후회, 분노, 원망, 세상 탓, 사람 탓 많이 하면서 세월 보냈다. 불행하기 짝이 없는 시간이었다.

　갑작스러운 통증에 정신을 차리지 못할 정도로 고통스러웠다. 넉 달 동안 숨조차 쉬기 힘들 정도로 아팠고, 남은 인생 계속 이렇게 힘들어야 한다고 생각하니 삶의 의욕마저 잃게 되었다. 운 좋게도 내게 맞는 약을 찾아 지금은 일상에 지장 없을 정도 되었지만, 한참 아플 때는 정말이지 차라리 죽는 게 낫겠다 싶었다.

좋은 경험도 있었고 나쁜 경험도 많았다. 이왕이면 행복한 경험만 하면서 살았으면 좋겠다는 생각 많이 했었다. 꽃길만 걷기를 바란다는 말이 축복처럼 여겨지는 것도 이런 이유 때문일 터다. 하지만, 인생은 결코 녹록지 않다. 온갖 험한 일 다 겪어야 하고, 일과 사람에 치여야 하며, 기대한 만큼의 성과를 내지 못할 때도 많다. 문제는, '이러한 '나쁜 경험'들을 어떤 태도로 이겨내야 하는가'라는 것이다.

어렵고 힘든 일 당할 때마다 과거 경험을 떠올리게 된다. 내가 그때 그런 일도 다 이겨냈는데, 이만한 일 못 견디겠는가. 이런 생각이 들면 다시 힘이 나곤 한다. 과거에 겪었던 시련과 고통 덕분에 현실을 버틸 만한 힘이 생긴 거다. 만약 내가 꽃길만 걸었더라면, 온실 속 화초처럼 말랑말랑하게 살았더라면, 지금을 살아가면서 만나게 되는 모든 고난에 힘없이 무너졌을 게 뻔하다. 바람 한 번 제대로 맞아 본 적 없는 화초가 태풍을 어찌 이겨내겠는가.

역경을 겪는 순간에는 눈도 제대로 뜨지 못할 정도로 힘들고 아프지만, 그런 경험이 결국 남은 인생 살아가는 데 꼭 필요한 힘이 된다는 사실을 기억해야 한다. 좋은 일만 일어나길 바라는 마음은 자신의 삶을 한없이 약하게 만들겠다는 바람과 같다. 내가 지금 이만큼 풍요롭고 행복한 삶을 누릴 수 있는 이유는 모두 지난 삶에서 겪었던 시련과 고난 덕분이다.

몸에 힘 넘치고 심장 튼튼할 때 경험 많이 해 보아야 한다. 그래야 이후 인생을 슬기롭게 잘 견디고 이겨낼 수가 있다. 쓸모없는 경험은 없다. 좋은 경험은 좋은 경험대로 의미를 갖고, 나쁜 경험은 나쁜 경험대로 가치를 지닌다. 인생은 경험의 연속이다. 중요한 것은, 어떤 경험을 하든 그것으로부터 배우고 깨달아 다음 인생에 참고할 만한 무언가를 건져내야 한다는 사실이다. 경험 그 자체로만 즐기면 쾌락이 되고, 경험 그 자체로 힘들어하기만 하면 고통일 뿐이다. 쾌락은 순간이며 고통은 불행이다. 쾌락과 고통에서 다음 삶에 필요한 지혜를 얻어내는 것이 바람직한 삶의 태도이다.

어제 또는 오늘 하루만이라도 찬찬히 돌아보자. 아침에 눈 떴을 때부터 밤에 잠자리 드는 순간까지 많은 일이 있었을 거다. 혼자 생각도 했을 테고, 가족 포함한 다양한 사람들 만났을 것이고, 기분 좋았던 순간이나 속상했던 순간도 있었을 테고, 세끼 식사도 했을 것이며, 작은 성공이나 실패도 경험했을 거다. 불과 하루만 들여다보아도 수많은 경험이 떠오른다. 나는 그 경험에서 무엇을 배우고 익혔는가. 무엇을 깨달았는가. 혹시 그냥 '경험만' 하고서 흘려보내지는 않았는가. 꼭 무슨 산꼭대기 고요한 사찰에 가서 떠오르는 태양을 보아야만 깨달을 수 있는 게 아니다. 학원에 가서 한 시간 동안 앉아 있어야만 배울 수 있는 것도 아니다. 오감을 활짝 열고 하루를 대하면 모든 순간이 배움이고 깨달음이다.

바람 한 점 볼에 스쳐도 여름이 지나고 가을이 오는구나 알수 있다. 계절은 어김이 없다. 미련도 없다. 갈 때가 가면 가고, 올 때가 되면 온다. 집착하지 않는 마음을 배운다. 이렇듯, 바람한 점에서도 배울 점이 있고 인생 생각할 만한 거리를 찾게 된다. 하루가 삶의 전부다. 오늘이 인생이다. 버릴 경험이 하나도 없다. 쓸모없는 경험은 없다.

안타까운 현실은, 지난 세월 겪었던 상처와 아픔을 아직도 상처와 아픔으로만 껴안고 살아가는 이들이 많다는 사실이다. 그때 그 일을 떠올리며 여전히 눈물 쏟고, 분하고 원통한 마음에 씩씩거리고, 복수하고 싶은 마음도 여전히 품고 있는 사람들. 그들은 자유롭지 못하다. 과거 경험이 미래에까지 영향을 미치게 만드는 어리석은 태도로 살아가는 거다. 용서하라는 말이 아니다. 적어도 나는 자유로와야 한다. 잘못은 그들이 했는데, 왜 나만 이렇게 오랫동안 아파해야 하는가. 벗어나야 한다. 그때 그 경험이 나에게 어떤 의미인가. 어떤 가치인가. 무엇을 배우고 깨달을 수 있는가. 지독하게 파고들어 자신에게 도움이 될 만한 무언가를 길어 올려야 한다. 그래야만 비슷한 경험을 한 다른 이들을 도울 수 있다. 상처와 아픔이 희망과 빛으로 바뀌는 순간이다.

바로 이 희망과 빛이 콘텐츠가 된다. 자기만의 콘텐츠로 타인을 돕고, 그에 따른 대가로 수익을 창출하는 사람을 메신저라 부른다. 작가, 강연가 또는 어떤 직업이라도 자신의 경험을 기반으로 배운 점과 깨달은 점을 정리하여 타인을 돕는 인생. 멋지지 않은가.

오십은 과거를 바꾸는 나이다. 그동안 아파하고 괴로워하기만 했다면, 이제는 자신의 아픈 경험을 콘텐츠로 바꾸어 다른 사람 도와야 한다. 돈도 벌고 자유도 얻고 보람도 느낄 수 있다. 우리에게 중요한 것은 과거나 미래가 아니라 현재이다. 지금을 어떻게 살아내는가 하는 태도가 과거도 바꾸고 미래도 바꾼다. 무조건 돈만 많이 번다고 해서 다가 아니라, 돈 버는 과정이 즐겁고 행복하며 보람과 가치 있어야 '행복한 성공' 이룰 수 있다. 이 모든 바탕이 경험이고, 경험 없는 사람 없으니 결국 누구나 중년의 삶을 개척할 수 있다는 결론에 이른다.

하루살이도 책 쓰는 세상이다. 오십 년 경험이 있으니 두려울 게 없다. 자신의 경험에서 의미와 가치를 찾아 다른 사람 돕겠다고 결심하라! 변화와 성장이 시작될 것이다. 발목 잡고 있었던 과거를 도약대로 바꾸고, 상처와 아픔을 콘텐츠로 바꾸고,

후회와 회한을 희망과 비전으로 바꾼다. 경험의 쓸모는 무한하다. 나이 오십은 얼마나 위대한가.

돈 문제로 걱정이라면

모든 문제가 완벽히 사라지는 날은 없다. 인생은 문제의 연속이며, 그러한 문제를 하나씩 해결해 나가는 과정에서 배우고 성장한다. 그래서 인생은 '완성'이 아니라, '완성해 나아가는' 과정인 것이다. 많은 사람이 비슷한 문제와 고민을 안고 살아간다. 돈, 자녀, 일, 관계, 자아실현, 인정과 칭찬, 존재 가치 등. 그중에서도 특히 돈 문제 때문에 근심하는 사람이 많은데, 세상이 달라지고 사회가 발달할수록 상대적 박탈감을 느끼는 때가 많아지기 때문이다.

SNS 영향으로, 다른 사람 인생 엿보기가 쉬워졌다. 그들은 항상 좋은 음식에 좋은 차에 좋은 집에 좋은 배우자를 자랑하듯 늘어놓는다. 그런 영상이나 이미지나 글을 보고 있자면, 나만 빼고 다른 이들은 다 잘 사는 것처럼 느껴진다.

결국은 돈이 문제구나 싶어서 또 다른 SNS를 찾아 '빠르고 쉽

나이 오십은 얼마나 위대한가

게 돈 버는 법'을 좇는다. 다들 잘 알겠지만, 그런 건 존재하지 않는다. 마음이 불안하고 절실한 탓에 그런 유혹에 쉽게 흔들릴 뿐이다. 막상 '빠르고 쉽게 돈 버는 법'을 배우기 위해 큰돈을 덥석 내고 나면, 그제야 모든 방법이란 게 나 하기 나름이란 사실을 깨닫게 된다.

나도 한때 돈에 미친 적 있었다. 직장에 다니면서 뼈 빠지게 일해도 월급 뻔하다 싶어 사직서 내고 사업했다. 돈, 돈, 돈을 외치면 외칠수록 돈은 점점 멀어졌고, 결국 나는 사업에 실패하여 파산에 이르고 말았다. 비슷한 경험을 한 사람 많겠지만, '난 정말 열심히 일했는데 도대체 왜 이렇게 되었을까?' 수도 없이 생각했었다. 10년 넘게 매일 글 쓰고 책 읽으면서 세상과 인생을 공부한 덕분에 이제야 돈에 관한 나만의 철학을 정립할 수 있게 되었다. 그 철학과 신념이 지금의 내게 풍요와 행복을 가져다주었다. 이제 독자들에게 나만의 돈 철학과 신념을 공유하려 한다.

돈 때문에 걱정인가? 돈 문제로 걱정과 근심 끊일 날 없는가? 한 번뿐인 인생, 돈 걱정 없이 살고 싶은가? 그렇다면, 지금 바로 돈 걱정하는 사람들을 도와야 한다. 만약 누군가 절실한 마음으로 돈 때문에 제대로 자지도 못한다며 하소연하고 있다면, 당장 그에게 무슨 말을 어떻게 해 줄 것인가? 그 사람 지금 오직 당신의 답변만 기다리고 있다. 어떤 조언을 해 줄 것인가? 어떤 말을 전해야 그가 다시 살아낼 의지를 가질 것인가?

정답이 아니라 당신만의 조언이면 충분하다. 모든 사람에게는 타인을 돕고자 하는 심성이 잠재되어 있다. 먹고살기 바쁘다는 이유로 오직 자신만 생각하며 살아온 세월이 긴 탓에 다른 사람 돕고자 하는 마음이 가려져 있었던 것뿐이다. 이제라도 이기주의 밀쳐내고 이타심 끄집어내어 타인의 삶에 도움을 주어야 한다.

내 걱정 잠시 밀어두자. 나의 이익만 생각하는 마음 잠시 접어두자. 세상에는 반드시 나보다 더 힘들고 어려운 사람 존재하게 마련이다. 또한, 모든 사람에게는 자신보다 어려운 이를 도울 만한 힘이 있다. 잠시 자신을 잊고 남을 돕기 시작하면 인생이 바뀌기 시작한다.

2016년 1월 4일. 네이버 블로그에 글을 올리기 시작했다. 블로그가 뭔지도 모를 때다. 다양한 이유로 힘들어하고, 걱정 근심 많고, 삶의 의욕을 잃은 이들에게 뭐가 됐든 도움을 줄 만한 이야기를 쓰기 시작했다. 당시 나는 막노동판을 전전하고 있었다. 암 선고를 받아 정신적으로도 무너지기 직전이었다. 파산하고 감옥에 다녀와서 이제 겨우 죽을힘을 다해 한 번 살아 보겠다며 발버둥을 치고 있었는데, 계속해서 안 좋은 일만 생겨나 세상이 나를 궁지로 모는 것 같았다.

나이 오십은 얼마나 위대한가

그때 결심했다. 더 이상 나 자신에게 집착하지 않기로. 어차피 한 번 사는 인생인데, 세상과 타인을 위해 도움이 될 만한 일을 하면서 위대하게 사는 것이 훨씬 가치 있겠다는 판단을 한 것이다. 부처님이나 예수님처럼 성인이 된 게 아니다. 나 자신에게 집중하면서 나를 위해 살았더니 자꾸만 삶이 곤두박질쳤다. 그러니, 어디 한 번 반대로 살아 보자 오기가 발동했던 거다. 가진 게 아무것도 없었다. 누군가를 돕고 싶어도 방법이 없었다. 그래서 떠오른 게 글쓰기였다. 감옥에서부터 쓰기 시작했고, 당시 어느 정도 필력도 생겼을 때라서 무작정 블로그를 열어 매일 한 편씩 글을 발행했다.

결과는 어떻게 되었을까? 매일 쓰는 습관을 통해 〈내가 글을 쓰는 이유〉, 〈최고다 내 인생〉, 〈아픔공부〉 등 세 권의 책을 9개월 동안 나란히 출간할 수 있었다. 블로그를 통해 인연 맺은 이웃들이 감사하다는 인사를 전해왔고, 그 와중에 한 이웃이 '글쓰기 강의'를 해달라며 요청까지 해 주었다. 그때 했던 강의가 [자이언트 북 컨설팅]의 시작이었다.

사춘기 자녀 때문에 속상하다면, 사춘기 자녀 때문에 속상한 사람들을 도와야 한다. 술 많이 마시는 남편 때문에 걱정이라면, 술 많이 마시는 남편 때문에 걱정인 아내들 마음을 위로해야 한다. 인간관계로 스트레스를 받는다면, 인간관계로 스트레스받는 사람들에게 조언을 해주어야 한다. 자신을 힘들게 하는 무언가가 있다면, 세상에는 비슷한 고통을 겪는 이들이 반드시 존재한다. 자신의 문제에 매몰되어 절망하거나 좌절하지 말고, 고개를 들어 세상과 타인을 돕겠다고 선언하라. 문제 해결의 핵심은 타인을 돕는 거다. 돈 때문에 걱정이라면, 돈 때문에 힘들어하는 이들을 위해 매일 한 편씩 글을 써서 자신의 채널에 공유해야 한다. 장담컨대, 매일 꾸준히 지속하여 '돕는 인간'으로 거듭나면, 문제가 더 이상 문제로 보이지 않을 것이다.

자신의 이익과 입신만을 위해 살아가는 사람은 겉으로는 잘나가는 것처럼 보일지 몰라도, 근본적인 행복이나 삶의 가치는 절대 누릴 수 없다. 인간은 처음부터 타인을 돕는 존재로 만들어졌다. 본질을 알면 사는 게 가벼워진다. 오십에 이르면 남 도울 만한 경험 충분히 쌓였다고 봐도 된다. 인생 나머지 절반은 '돕는 존재'로 거듭나길. 그 인생 풍요롭고 행복하다.

매 순간 돈이 나를 찾고 있다

　돈이 나를 찾고 있다면, 내 쪽에서 신호를 보내야 돈이 나를 찾기 쉬울 거다. 크게 소리를 지르든지, 환하게 등불을 밝히든지, 불꽃 신호탄을 쏘아 올리든지. 가슴 설레지 않는가. 돈이 나를 찾고 있다니! 그동안 살면서 내가 돈을 좇아 헤맸는데, 돈도 나와 같은 마음으로 나를 찾고 있었다니 반갑고 기쁘기 그지없는 일이다.

　문제는, 돈이 나를 제대로 찾을 수 있도록 어떻게 신호를 보낼 것인가 하는 것이다. 돈이 신호를 접수하는 데에는 다섯 가지 방법이 있다. 그 다섯 가지 방법을 매일 꾸준히 실천하면 돈이 나를 쉽게 찾아온다.

　첫째, 공부해야 한다. 삶을 공부해야 하고, 자신이 맡은 분야 공부를 해야 하며, 사람과 관계도 공부해야 한다. 학창 시절 암기 공부가 아니라, 내 것으로 만들어 삶에 적용할 수 있는 진짜 공부를 하라는 말이다. 공부의 대표적인 방법으로는 독서와 글쓰기가 마땅하다. 독서는 내가 가진 편견과 고정관념을 확장시켜 더 크고 넓은 사고방식을 장착하는 데 도움 된다. 글쓰기는 나의 생각과 지혜를 정리하는 도구이다. 쓸 수 없으면 제대로 아는 게 아니다. 독서와 글쓰기를 통해 세상과 인생을 공부하다 보면, 어느새 돈이 곁에 와 있을 거다.

둘째, 행동해야 한다. '끌어당김의 법칙'이 여러 가지 오해를 낳은 탓에 아무것도 하지 않고 방구석에 앉아 선명하게 상상만 하면 다 이루어질 거라고 믿는 이상한 생각이 널리 퍼졌다. 그런 일은 없다. 결과는 오직 행동을 통해서만 만들어진다. 자신이 바라는 목표와 관계있는 행동을 얼마만큼 했는가에 따라 성과도 달라진다. 오직 행동뿐이다.

셋째, 도와야 한다. 이것은 손발 오그라드는 선택의 문제가 아니라, 목숨 걸어야 하는 필사의 문제이다. 다른 사람 도우면 내 문제 해결된다. 남 도우면 내 인생 좋아진다. 어렵고 힘든 사람 돕는 것이 최고의 가치이자 보람이다. 자아실현의 궁극적 목표이자 우리 모두의 의무다. 주변에 도울 사람 천지이고, 나에겐 도울 만한 힘이 잠재되어 있다. 매일 누군가를 도우면, 돈도 나를 돕는다.

넷째, 초긍정의 생각과 말을 해야 한다. 스마트폰과 SNS 탓에 익명으로 한 줄 대충 남기는 것이 아무것도 아닌 일처럼 여겨지

나이 오십은 얼마나 위대한가

는 습성 생겼다. 그렇게 함부로 던지는 말과 글이 자기 삶을 시 궁창으로 몰아넣고 있다는 사실. 어이없고 끔찍한 일이다. 격려 해야 한다. 용기를 북돋아 주어야 한다. 인정하고 칭찬하고 도 움 되는 말을 해 주어야 한다. 따끔하게 혼낼 때는 그 사람이 잘 되기를 진심으로 바라는 마음 담아야 한다. 부정적인 생각이나 농담처럼 삐딱하게 던지는 한마디 말. 인생 풀리지 않는 핵심 이유다.

다섯째, 믿어야 한다. 자신을 믿어야 하고 세상 법칙을 믿어 야 하며 인생 원칙을 믿어야 한다. 좋은 생각을 하면 좋은 일이 일어난다. 포기하지 않으면 반드시 결승점에 다다를 수 있다. 남 돕는 만큼 내 인생 좋아진다. 나는 풍요롭고 행복한 삶을 누 릴 권리가 있다. 이렇게 자신에 대한 확신을 가지고 세상과 인 생 법칙과 원칙에 따라 살면, 누가 뭐라고 해도 흔들리지 않을 수 있다. 돈은 고집 있는 사람에게 몰려온다. 믿음이 흐트러지 지 않도록 매일 말하고 쓰면서 각성하는 습관 가져야 한다.

이 다섯 가지가 바로 내가 세상에 보낼 수 있는 신호이다. 온 세상이 암흑으로 뒤덮여도 나에게서는 환하게 빛이 날 테니 돈 이 나를 찾기는 쉬울 것이다. 잘못된 사고방식으로 그동안 빛 끄고 살았다면, 지금부터라도 환하게 뿜어내야 한다. 누구나 가 능하다.

돈뿐만 아니다. 우리가 바라는 인생 모든 풍요와 행복은 치열하게 나를 찾고 있다. 내가 쫓아서 될 문제가 아니다. 그것들이 나를 찾도록 도와주어야 한다. 나에게서 빛이 나고, 나에게서 음악이 울리고, 나에게서 향기가 나야 한다. 위 다섯 가지 핵심 사항을 매일 꾸준히 실천하면 자신이 바라는 풍요와 행복이 빠르게 다가올 것이다. 꽉 막혔던 산을 뚫어 도로를 만들고, 활주로에 조명등을 환하게 켰으니, 모든 인생 아름다움이 마구 달려올 게 당연하지 않겠는가.

나이 오십 넘고 보니, 자꾸만 지난 삶을 돌아보게 된다. 돈 많이 벌려고 악착같이 살았다. 매 순간 돈 부족하다는 결핍 느끼곤 했었다. 더 많이 벌어야 한다는 조급함과 조바심으로 삶을 누리지 못했다. 돈이 나를 찾고 있다는 사실을 미리 알았더라면, 그렇게 아등바등 돈 좇으며 살지 않았을 텐데. 그저 주어진 삶에 최선을 다하며 주변 사람 도우면서 여유와 행복 누렸더라면, 훨씬 수월하게 돈을 만날 수 있었을 거다.

지금도 늦지 않았다. 인생 전반전에 돈, 돈, 돈 하면서 살았다면, 이제부터는 돈이 나를 쉽게 찾을 수 있도록 빛을 뿜으며 살면 된다. 가끔 저 사람은 참 돈을 쉽게 번다 싶은 경우를 만나게 된다. 그것은, 이미 그 사람이 돈과 세상의 법칙을 깨달은 덕분이다. 그는 돈이 자신을 찾고 있다는 사실을 알았다. 매 순간 자신이 마주하는 모든 일에 최선을 다하고 주변 사람 도우면서 초긍정의 생각과 말을 반복했을 거다. 동시에, 자신은 부자가 될 자격 충분하다는 믿음도 품고 살았을 테지.

이제 우리도 길을 좀 내야 한다. 불평과 불만 삼가고, 남 비방하고 험담하는 습관도 즉시 멈춰야 한다. 굴어오던 돈이 방향을 확 틀어버리지 않도록 생각과 말과 행동을 선하고 아름답게 해야지. 명심하자. 이 순간에도 돈이 나를 찾고 있다.

마음속 의심의 엔진을 꺼야 한다

잘할 수 있을까?

내가 책을 출간할 수 있을까?

이런 수준으로 출간 계약이 가능할까?

독자들이 비웃지는 않을까?

초보 작가들의 경우, 집필하는 과정에서 만나는 가장 커다랗고 단단한 벽이 바로 의구심이다. 자신을 믿는 마음으로 써도 쉽지 않은 길인데, 매 순간 스스로 의심하고 자신감 잃으니까 자꾸만 뒷걸음질 치게 되는 거다.

왜 이렇게 자신을 믿지 못하는 것일까? 첫째, 책을 써 본 경험이 없기 때문이다. 둘째, 당장 성과를 확인할 수 있는 일이 아니기 때문이다. 셋째, 과거 실수와 실패 경험이 많기 때문이다. 이유야 뭐가 됐든, 자신을 의심하는 마음속 엔진을 꺼야만 앞으로

나이 오십은 얼마나 위대한가

나아갈 수 있다. 실제로 책을 출간한 사람들도 끊임없이 자기 의심에 시달렸다. 다만, 그들은 이겨내고 극복했다는 점에서 남들과 다르다.

돈도 마찬가지다. 많은 사람이 부자가 되길 바라면서도 자신이 부자가 될 거란 사실을 믿지 못한다. 믿지 못하면 보지 못하고, 보지 못하면 이미지를 만들 수 없으며, 이미지 만들지 못하면 현실로 끌어당길 수 없다. 돈을 많이 벌고 싶다 하면서도 자기 의심에 시달리는 사람들에게는 공통점이 있다. 첫째, 돈 많이 벌어 본 경험이 없다. 둘째, 발등에 떨어진 불을 끄기에 급급하다. 셋째, 투자 혹은 사업에 실패했거나 아예 도전조차 해 보지 못한 사람들이다.

평범한 사람과 부자는 뭐가 달라도 다르다. 사고방식, 말투, 옷차림, 어렵고 힘든 상황을 대하는 태도, 습관, 시간 관리, 인간관계. 부자들은 거의 모든 점에서 평범하거나 가난한 사람들과는 다른 모습으로 살아간다. 이 사실이 의미하는 바는 분명하다. 부자가 되고 싶다면 "전혀 다른 사람이 되어야 한다!"라는 것이다. 얼마나 많은 사람이 어제와 똑같이 살면서 돈만 많아지길 바라고 있는가. 스스로도 어색할 정도로 완전히 다른 존재로 거듭나야만 삶의 수준도 달라진다.

나이 오십이 되고 보니, 주변 친구들 삶의 모습이 확연히 차이 난다. 압도적인 부자가 된 친구도 있고, 남들보다 제법 잘 사는 친구들도 있고, 그저 평범한 삶을 살아가고 있는 친구도 있으며, 도움이 필요한 친구도 있다. 똑같이 학교 다니고 군에 다녀왔는데, 대체 무슨 이유로 그들의 삶에 차이가 생긴 것일까?

흔히 말하는 '부자가 된 사람들'은 자신이 부자로 살아간다는 사실에 추호도 의심이 없다. 오래전부터 그랬다. 부자가 되기 전부터 확신했었다. 다른 친구들이 돈에 대해 불평하고 부자가 되기를 갈망하는 동안, 그들은 이미 자신이 부자가 된 것처럼 말하고 행동했다. '결핍'에 대해서는 아예 입을 다물었던 거다. 어쩌면 그들은 진작부터 알고 있었는지도 모른다. 자기 의심이란 것이 삶을 가로막는 최대의 장벽이란 사실을.

맨 처음 글을 쓰기 시작했을 때, 나 자신의 형편없는 글쓰기 실력을 눈으로 확인하면서 작가가 되기는 틀렸다고 생각했었다. 이후로는 매일 글을 쓰면서도 도무지 실력이 늘지 않았다. 어느 순간부터 내가 작가임을 의심하지 않았다. 어차피 다른 길은 다 막혀 있으니, 오직 글을 쓰는 일로 먹고살아야 한다는 절박함이 자기 의심을 누른 것이다. 이미 작가가 되었다는 생각으로 글을 쓰다 보니 하루가 다르게 실력이 늘었고, 결국 나는 지금껏 아홉 권의 책을 출간한 작가가 될 수 있었다.

무슨 일을 하든 가장 먼저 갖춰야 할 태도는 자기 확신이다. 스스로 믿지 못하면 어떤 노력을 해도 빛을 발할 수 없다. 많은 사람이 타인으로부터 인정과 칭찬을 받기 위해 애쓰며 살아간다. 다른 사람에게 인정받는 것도 중요하지만, 그 전에 먼저 자신을 인정해야 한다. 내가 나를 소중히 여기면 다른 사람들도 나를 소중히 여기고, 내가 나를 허투루 여기면 타인도 나를 존중하지 않는다.

풍요와 번영에 확신을 가져야 한다. 우리가 태어난 이유는 굶주리고 헐벗어 괴롭기 위함이 아니다. 그저 평범하게 먹고 사는 데 지장 없을 정도로 살아가기 위함도 아니다. 이 땅에 온 흔적을 남길 정도로 위대하고 풍요롭고 번영하기 위해 존재한다. 나는 소중한 존재이며, 풍요와 번영을 누릴 자격이 있다. 많은 사람이 방금 내가 쓴 이런 문장을 '확언' 형태로 쓰고 읽곤 한다. 형식적인 재생은 의미 없다. 온 마음을 다해 믿어야 한다. 그 믿음이 너무 강해서 벤츠나 루이뷔통을 구입하는 내 모습이 너무나 자연스러워야 한다. 어떤 물건의 값이 너무 비싸다는 이유로 혀를 내두르거나 손을 바들바들 떠는 모습은 아직도 자신의 풍요를 믿지 못하는 사람의 습성이다.

없는 돈, 빚내 가며 사치 부리라는 말이 아니다. 마음속 신념을 강하게 품어야 한다는 의미다. 결핍은 반드시 결핍을 불러온다. 부족하다는 생각, 나는 그럴 만한 능력이 못 된다는 생각, 저 위에 사는 사람들은 나와 달리 그럴 자격이 있을 거라는 착각, 지금보다 조금만 좋아져도 충분하겠다는 생각. 이런 생각들이 결핍의 증거다. 주어진 일에 집중하면서도 자신이 모든 걸 누릴 자격 충분하고 또 실제로 그런 삶을 만나게 될 거라는 믿음에 한 치의 의심도 없어야 한다. 누군가 해냈다면 나도 해낼 수 있다. 부족한 건 믿음뿐이다.

천천히, 제대로 벌겠다고 작정하라

　나이 오십이 넘어가면 조급해진다. 당연하다. 인생 얼마 남지 않았다는 생각이 드니까 더 빨리 돈을 많이 벌어야 한다는 생각이 들 수밖에 없다. 바로 이 점이 오십 넘어 돈을 못 버는 사람들 특징이다. 조급함은 곧 어리석음으로 이어진다. 젊은 시절의 어리석음은 만회할 기회 충분하지만, 오십 넘어서 가장 주의해야 할 것이 바로 어리석음이다.

　서두른다고 해서 더 잘 되는 일은 없다. 나이 들수록 좋은 점 중 하나는, 과거 경험이 충분히 있다는 사실이다. 지금껏 살면서 조급하고 초조하게 진행하여 잘된 일이 있는가? 나는 그런 적이 단 한 번도 없었다. 무슨 일이든 여유를 갖고 차근차근 쌓아 올려야 한다.

　나이 든 사람들에게 더 이상 모험을 하지 말라고 하면 화를 내면서 반론을 펼치는 사람 있다. 죽는 날까지 도전하고 모험하는 것이 인생 아니냐면서 말이다. 틀린 말 아니다. 그러나, 지금 내가 강조하고 싶은 것은, '혼자가 아닌 사람의 책임감'이다. 오십 넘은 사람들은 가족도 제법 나이를 먹었을 텐데. 도전과 모험을 즐기며 망해도 다시 일어서면 된다는 식의 사고방식으로 살기엔 그 책임을 무겁게 여길 필요가 있다.

물론, 돈을 벌기 위해서는 다소간의 모험이 필요하기도 하다. 무모하게 덤비지는 말자는 뜻이다. 이제 우리는 인생의 탑을 완성해야 할 때다. 그동안 살아오면서 겪었던 수많은 실수와 실패를 통해 배우고 깨달은 점들을 정리하여 성공 가능성이 높은 도전을 펼쳐야 한다.

첫째, 천천히 하라. 마음 여유를 가져야 한다. 이제는 고속으로 질주할 게 아니라, 느리지만 제대로 된 방향으로 나아갈 때다. 조급한 마음 가질 필요 하나도 없다. 인생은 누가 먼저 목표 지점에 도착하느냐와 같은 경주가 아니라, 목표 지점을 향해 나아가는 모든 순간이다. 언제 무슨 일이 생길지 모르지만, 오늘도 그곳을 향해 한 걸음 나아갔다면 그것으로 충분하다.

둘째, 작은 목표 쉬운 계획을 세워야 한다. 지금 우리에게 가장 중요한 마음가짐은 성취감과 자신감이다. 젊은 친구들이야 패기 하나로 밀어붙여도 그만이지만, 중년이 되면서부터는 하나라도 확실한 승부를 걸어야 한다. 일 년 안에 10억 벌겠다는 목표보다는 이번 달에 10만 원 아끼겠다는 목표가 훨씬 현실적이며 중요하다. 10만 원 아껴서 언제 부자 되냐고? 바로 이런 게 조급함이다. 적은 돈에 대한 가치를 분명히 할 수 있을 때 비로소 큰돈도 만질 수 있는 법이다.

셋째, 젊은 친구들을 도와야 한다. 무조건 간섭하라는 뜻이 아니다. 나이가 들면, 크게 세 부류로 나뉜다. 청춘을 삐딱하게 바라보는 사람들. 무조건 청춘을 가르치려 드는 꼰대들. 그리고, 청춘과 함께 살아가는 이들. 같은 시대를 살아가고 있지만, 그들은 우리와 다른 존재들이다. 인정하고 받아들여야 한다. MZ세대라 불리는 이들에게는 나름의 특성이 있다. 우리가 해야 할 일은, 그들의 열정과 패기를 응원해 주고, 쓰러질 때마다 다시 일어설 수 있도록 격려해 주는 것이다. 젊은 친구들이 우리 중년을 믿고 의지하면서 자신들의 도전과 모험을 펼쳐 나갈 수 있다면, 그게 가장 멋진 사회 아니겠는가.

넷째, 자신의 가치를 인정하고 그에 맞는 대가를 요구할 줄 알아야 한다. 오십 넘은 사람이 가진 최고의 가치는 경험이다. 경험을 정돈하여 다른 사람들에게 도움 되는 요소로 만들면 그것이 곧 콘텐츠가 된다. 우리나라 사람들 공짜 좋아한다고들 하는데, 요즘 주변을 보면 받는 사람도 무료 좋아하고 주는 사람도 무료 좋아하는 것 같다. 무료는 최악이다. 주는 사람 힘 빠지고, 받는 사람 의지 잃는다. 정당한 대가를 요구할 줄 알아야 하고, 정당한 대가를 지불할 줄 알아야 한다. 스타벅스 커피값은 기꺼이 내면서, 누군가의 인생 경험은 비싸다고 험담한다. 개인적으로, 우리나라 강사료 수준은 아직 시작조차 못 했다고 생각한다. 앞으로 크게 달라질 거라 기대도 한다. 자신의 인생 경험을 콘텐츠로 만들고, 그에 대한 정당한 대가를 요구할 수 있어야 하겠다.

다섯째, 이제부터는 도우며 살아야 한다. 돕는 것이 부자 되는 길이다. 돕는 삶이 행복하게 살아가는 길이다. 사람들은 내가 '돕는 인생'이라고 하면 무조건 봉사나 헌신이나 사회활동 따위만 떠올리는데, 위 네 번째에서 말한 바와 같이 인생 경험을 콘텐츠로 만들어 다른 사람들에게 조언해 주는 것도 틀림없는 도움이다. 정당한 대가를 받는 도움! 이것이 남은 인생 절반을 가치 있게 빛낼 수 있는 최선의 길임을 잊지 말아야 한다.

인생 전반전에 질주하며 살았다. 돈이면 전부인 줄 알았다. 가족이며 친구며 전부 뒷전으로 밀어놓고, 정신없이 돈만 좇았다. 큰 실패 후 정신을 차리고 보니 어느새 중년이 되어 있었다. 조급해졌다. 다른 사람들보다 많이 늦은 것 같아서 초조하고 불안했다. 글 쓰고 책 읽으면서 마음 추슬렀다. 급할 게 없었다. 나는 지금 무슨 대회에 출전한 게 아니니까. 여유 가지고, 그러

나이 오십은 얼마나 위대한가

나 매일 멈추지 않고 쓰고 읽고 강연했다. 천천히 이뤄낸 지금의 삶은 탄탄하다. 설령, 예상치 못한 사태로 다시 실패하게 되더라도 금세 또 일으켜 세울 자신 있다. 인생 천천히 만들면서 그 방법 제대로 익힌 덕분이다. 오십 넘은 사람이 돈에 관해 가져야 할 첫 번째 마음가짐은 조급함을 내려놓는 것이다.

돈에서 조금은 자유로워지기

    돈은 중요하다. 그래도 나보다는 덜 중요하다. 내가 더 중요하고, 다른 건 모두 다음이다. 뭔가 중요하다 싶으면, 사람들은 자신을 제쳐두고 그 중요한 걸 좇는 성향이 있다. 돈 중요하다 싶으면 나를 골병들게 하면서까지 돈을 좇고, SNS가 중요하다 싶으면 실제 나보다 더 크고 잘난 나를 꾸며 드러내기에 바쁘다. 인간관계 중요하다 싶으면 나보다 남을 먼저 챙기고, 그냥 편하게 사는 게 좋다 싶으면 나의 건강과 정신을 해칠 정도로 나태해진다.

    진정한 자유는 '나'를 우선순위에 둘 때 비로소 가질 수 있다. 나는 한 때 돈이 전부라 믿고 살았었다. 젊은 시절, 무조건 돈만 많이 벌면 나중에 내가 원하는 인생 누릴 수 있을 거라 믿었다. 그래서, 처자식과 부모도 뒷전이었고, 친구들도 중히 여기지 않았다. 돈 제법 많이 벌었을 때조차 마음속에 공허함 채워지지

나이 오십은 얼마나 위대한가

않았는데, 나는 그런 허탈함까지도 여전히 돈 부족 때문이라 믿었다. 마음이 텅 빈 것처럼 느껴질 때마다 돈을 더 많이 벌기 위해 질주했다. 나는 낭떠러지를 향해 전력 질주를 했던 것이고, 결국 추락하고 말았다.

인생 무너지고 나서는 누구라도 기댈 사람이 필요했다. 아무도 없었다. 친구도 없었고 동료도 없었으며 심지어 가족조차도 등을 돌렸다. 돈은 중요하다. 하지만, 나 자신보다는 중요하지 않았다. 나는 돈만 좇으며 살았던 탓에 나를 잃고 만 것이다.

나이 오십은 물리적으로 살아온 날들보다 살아갈 날이 적은 시점이다. 앞으로의 비전보다 지난날에 대한 후회가 더 많이 쌓인 순간이다. 때로 위태롭다. 자칫하면 후회와 자기연민으로 소극적이고 초라한 인생 살아갈 위험이 크다. 이럴 때 우리가 집중해야 할 것이 바로 나 자신이다.

돈을 벌기 위한 생산적 활동도 열심히 해야 하지만, 자신만을 위한 시간도 반드시 가져야 한다. 등산, 낚시, 독서, 명상, 헬스, 주말농장, 다양한 스포츠나 동호회 등 돈을 목적으로 하지 않는 활동 등에 시간을 투자해야 한다. 나이 오십쯤 되면, 그동안 살면서 전부라고 여겼던 목표와 가치들이 많이 흔들리기도 한다. 중심 잡을 수 있는 것은 오직 나 자신뿐이다. 자신을 위한 어떤 활동이 누적되어 있지 않으면, 도대체 내가 왜 이리 열심히 살고 있나 멘탈 붕괴에 이를 가능성 매우 크다.

아울러, 남은 인생에 관한 비전이나 목표를 새롭게 정의하고 수립할 필요가 있다. 지금까지는 가족의 생계나 위험에 대비한 안전장치를 목표로 살아왔겠지만, 지금부터는 우선순위가 '나'로 바뀌어야 한다. 그렇다고 해서, 자기 이익만을 추구하는 이기주의를 강조하는 게 아니다. 여기에서 말하는 '나를 위한'이라는 의미는, 해야만 하는 일 외에도 좋아서 하는 일이 있어야 한다는 뜻이다. 먹고 살기에도 바쁜데 무슨 한가한 소리냐고 반문하는 사람도 있을 터다. 하지만, 진지하게 생각해 주길 바란다. 오십 넘어서까지 해야만 하는 일에 매달리다가는, 노후에 아무것도 할 줄 아는 게 없는 무능력한 존재가 되기 십상이다. 은퇴후 인생 마감하기까지 평균 30년 이상 살아야 하는데, 그 엄청난 기간 동안 옛날 잘나가던 시절 이야기만 곱씹으며 버틸 수는 없지 않겠는가.

돈으로부터 자유로워졌으면 좋겠다는 말은 이런 의미에서다. 돈 중요하지만, 돈 버는 일 말고도 좋아서 즐길 수 있는 일 한두 가지 꼭 해야 한다. 아버지와 어머니는 여든 넘으셨다. 아버지는 지금도 네이버 카페를 운영하고, 복지관에 다니면서 뭔가를 배우고, '아동 지키미' 활동도 매일 하신다. 어머니는 마음수련 공부에 정을 붙여 매일 책 읽고 기공 수련한다. 만약, 아버지와 어머니가 할 일 없이 매일 집에 누워 옛날만 그리워하고 계신다면, 자식인 내 마음도 애가 탈 것이고 두 분 당신도 지루하고 괴로운 노후를 보내야만 했을 것이다. 사람은 나이를 불문하고 아침에 일어나면 해가 질 때까지 뭔가를 해야 한다. 나도 직장 다닐 적에는 좀 쉬고 싶다는 생각만 했지만, 막상 사업 실패하고 나서 갈 곳이 없으니까 더 괴롭고 고통스러웠다. 양복 입고 공원 벤치에 앉아 있는 인생. 두 번 다시 생각하기도 싫다.

  돈을 떠나 하고 싶은 일을 즐길 수 있어야 한다는 말에는 또 한 가지 이유가 있다. 나는 사람이 가장 큰 보람과 가치와 행복을 느끼는 순간이 다른 사람 도울 때라고 확신한다. 당장 내 상황이 힘들고 눈앞에 닥친 문제와 고난이 벅찰지라도, 다른 사람 돕다 보면 마음에 힘이 생긴다. 그 힘으로 살다 보면 내 문제와 고난도 자연스레 해결될 때가 많다. 독서를 시작했다면, 초보 독서가들을 위해 책을 소개하는 일을 할 수 있다. 운동을 시작했다면, 중년을 위한 안전하고 효과적인 운동법을 코칭할 수도 있다. 무엇이든 좋아서 하는 일에서는 열정 불타오르는 법이다. 그 열정으로 다른 사람 돕는다면, 오십 넘은 인생에 얼마나 멋진 가치와 보람을 장착할 수 있겠는가.

  인생을 살아가는 데에는 여러 가지 방식이 존재한다. 빠르고 급하게 살다 보니, 경주용 말의 차안대를 착용한 것처럼 시야의 한계를 느끼는 사람 많다. 배우고 익힐 것도 많고, 할 수 있는 일도 많고, 보람과 가치 느낄 만한 일도 차고 넘친다. 지금까지

'급하게' 살아왔다면, 이제부터는 삶의 여유를 가질 필요가 있겠다. 인생 마지막에 이르러 '더 열심히 일하지 못한 게 아쉽다'며 후회하는 사람은 없을 거다. 환경과 상황을 핑계 삼아 어쩔 수 없다는 말 그만하고, 지금부터 자신을 위한 인생 만들어가면 좋겠다. 내 인생이니까.

돈 많은 사람 부러워하지 마라

글 잘 쓰는 사람 있었다. 부러웠다. 나보다 열 살 많은 남자. 나는 그를 블로그에서 만났다. 먼저 댓글을 남겼다. "글을 참 잘 쓰십니다. 특히, 나무를 인생에 빗대는 부분이 인상적이네요. 대부분 사람은 나무와 인생의 공통점 정도로만 표현하는데, 님은 나무가 우리의 고통을 대신 짊어지는 것처럼 묘사하셨네요. 그 외에도 문장과 문장의 연결이 자연스럽고 메시지가 강렬해서 읽기가 수월하고 느끼는 바도 많습니다. 저도 글 쓰는 사람인데요. 앞으로 많이 배우도록 하겠습니다."

아쉽게도 그 사람은 답글을 달아주지 않았고, 이후로 블로그에 글도 잘 올리지 않았다. 나는 글을 잘 쓰는 사람을 만나면 반갑고 기쁘다. 배울 점 있기 때문이기도 하지만, 무엇보다 쓰는 삶을 즐기고 좋아하는 '우리 편'을 만난 것 같아서이다.

언젠가 또 다른 글 잘 쓰는 사람 만났을 때, 그가 한 말이 아직도 가슴에 남아 있다. 역시나 글을 잘 쓴다는 점에 대해 부럽다고, 잘 배우겠다는 인사를 건넸는데, 그가 대답했다. "글쎄요. 저는 글 쓰는 것 말고는 다른 건 못합니다. 그냥 쓰는 건데요. 이게 행복인지도 잘 모르겠고."

젊은 시절부터 악착같이 일해서 자수성가 부자가 된 사람을 만난 적 있다. 막노동판에서 일할 때, 어느 전원주택 마당 공사하는 현장에 갔었는데, 그 집 주인이 바로 자수성가한 사람이었다. 아직 미완성이었지만, 누가 봐도 으리번쩍 크고 화려하고 멋진 주택이었다. 그 정도 집을 지으려면 땅값 포함해서 못 해도 수십억은 있어야 할 터였다. 도대체 무슨 일을 어떻게 하면 이렇게 큰돈을 벌 수 있을까 궁금했다. 같이 일하는 형님이 귀띔해 주었다. 어렸을 때 부모 이혼하고, 아버지가 자식을 무슨 경주마 훈련 시키듯이 사업을 가르쳤다 한다. 정작 그 아버지는 돈도 없고 가난뱅이 신세였는데, 아들 부자로 만드는 걸 평생 목표로 삼을 정도였다고. 어렸을 적부터 돈에 환장한 사람처럼 컸다는 말을 들으면서 집주인을 다시 쳐다보았다. 잠시도 가만있질 않고 일꾼들을 향해 소리를 질렀다. 그날은 점심시간도 삼십 분밖에 가지지 못했다. 성격이 급하고 말이 거칠고 표정은 굳어 있었다. 부자의 여유? 행복? 그런 건 찾아보기 힘들었다.

나이 오십쯤 되고 나면, 이제 다른 사람 인생 쳐다보며 부러워하는 짓은 그만두어야 한다. 그럴 때도 되지 않았는가. 어린 시절 철없을 때야 남이 가진 것 보면서 탐도 내고 부러워도 하게 마련이지만, 삶의 변곡점을 지나 의미와 가치를 추구해야 하는 시기에 여전히 곁눈질하면서 침 흘리고 있으면 꼴불견이다.

부럽다 싶은 사람의 인생으로 들어가 보면, 또 그 나름의 고통과 애환이 다 있게 마련이다. 손흥민이라고 해서 인생 아쉬운 점 없겠는가. 김훈 작가라고 해서 쓰는 삶이 마냥 행복하기만 하겠는가. 유재석이라고 해서 모든 게 만족스럽기만 하겠는가. 한 분야에서 성공하고 나름 이름을 떨치는 사람들 대단하고 멋지다. 우리는 그들의 삶을 본받고 배울 점 배워야 마땅하다. 허나, 그들의 삶 속에도 화려한 조명 뒤에 감춰진 슬픔과 고통과 시련과 고난과 불행이 한 자리씩 차지하고 있다는 사실을 잊지 말아야 한다. 겉으로 보이는 모습만 보면서 부러워하는 것은 수박 겉만 핥겠다는 것이나 다름이 없다.

특히, 나이 오십쯤 되고 보면 인생 전반전에 돈 많이 벌어서 부자 된 사람들을 주로 부러워하게 마련이다. 인생 남은 시간이 훤히 보이는 시기이다 보니, 나는 그동안 뭘 했나 한심하게 여겨지기도 하고, 저 사람은 무슨 복이 있어서 저렇게 부자가 되었나 시기와 질투까지 하게 되는 것이다. 부러워하지 않기 위해서는 먼저 비교 자체를 하지 말아야 한다. 비교하면 무조건 부러워하거나 시샘하게 되어 있다. 사람은 모두 다르다. 인생도 다르다. 다른 것은 비교 대상이 되지 않는다. TV와 냉장고는 비교할 필요도 없는 물건들이다.

중요한 것은, 다른 사람 인생을 넘겨보는 게 아니라 내 인생 가꾸는 일에 초점을 맞춰야 한다는 사실이다. 자기 인생 가꾸기에 소홀한, 그러니까 게으른 사람들이 주로 남을 부러워한다. 한 번 비교하고 부러워하기 시작하면 자신의 인생은 점점 바닥으로 치닫는다. 이 부분에서 착각하는 사람 많다. 남을 부러워하면, 남의 인생에까지 이르기 위해 더 노력하게 되지 않느냐는 식이다. 그런 일 없다. 부러움은 상대적 박탈감을 지니게 하여 도전이나 노력의 의지를 꺾는다. 더 높은 수준에 이르기 위해 노력하는 게 아니라, 한숨 쉬고 한탄하는 시간만 더 늘어날 뿐이다.

이제 오십이다. 오십 넘었다. 자기 인생에 책임을 져야 할 나이다. 다른 사람들이 어떤 인생을 살든, 내 인생에 주목하고 집중하고 관심 가져야 한다. 백만 원 버는 사람이 천만 원 버는 사람보다 불행하다? 그런 논리는 유치하고 초라하다. 돈의 가치는 각자 정하기 나름이다. 나의 노력과 헌신으로 벌어들이는 소득의 가치를 인정하고, 성장하고 발전하기 위해 더 애쓰고, 그런 다음 만족하고 감사한 마음으로 자신을 인정하는 것. 이것이 잘 사는 비결 아니겠는가.

남의 인생 부러워하면서, 남의 돈 부러워하면서 시간 낭비하지 말고 지금부터라도 자기 삶에 집중해야 한다. 사업 실패하고 무너졌을 때, 승승장구 잘 사는 이들 부러워하면서 술만 마셨다. 내 인생에 하나도 도움 되지 않았다. 비록 전과자 파산자가 되었으나, 어떻게든 내 인생 바로 세우겠다는 생각만 하면서 살았더니 서서히 좋아지기 시작했다. 소중한 내 인생이다. 함부로 비교하며 깎아내리지 말기를.

느긋함과 치열함의 균형

　서른 살쯤 되었다면, 온 힘을 다해 인생 도전과 모험을 펼쳐야 한다. 만약 누군가 나이가 서른 살인데 '안정'이나 '편안' 따위 단어를 입에 올린다면, 그는 머지않아 노예와 다름없는 삶을 살게 될 게 분명하다. 나이가 여든쯤 되었다면, 지난 삶을 돌아보며 삶을 추스르고 인생 후배들을 위해 지혜를 나눠 주어야 할 때다. 만약 누군가 나이가 여든쯤 되었는데, 여전히 자기 몫의 삶을 위해 질주하려 한다면 힘에 부칠 것이 틀림없다.

　그렇다면 오십이라는 나이는 어떠한가. 서른의 열정과 여든의 여유 사이에서 균형을 잡아야 한다. 오십은 멈추기엔 이르고 여유를 부리기엔 여전히 뜨겁기 때문이다. 묘한 나이다. 열정 뜨겁게 질주하려 하면 몸이 예전 같지 않고, 좀 쉬어야겠다 싶어 앉아 있으면 심장이 또 쿵쾅거린다. 아직 젊은 날의 패기가 여전히 뼛속에 남아 있는 상태인 동시에 어쩔 수 없는 노화

현상이 본격적으로 시작되는 탓이다. 이 묘한 현상을 아무 생각 없이 지나쳐버리면, 준비되지 않은 노후를 맞이해야 한다. 오십의 특성을 제대로 이해하고, 균형과 조화를 추구하면 멋진 노후를 만나게 될 수도 있다.

예전에는 서너 시간 앉아서 글 써도 아무 문제 없었다. 요즘은 한 시간만 노트북 들여다보아도 어깨와 허리와 목이 뻐근하다. 일 년 전만 해도 종일 책 읽어도 별 증상 못 느꼈는데, 요즘은 한 시간만 책 읽어도 눈물이 나오고 눈앞이 흐려진다. 안경을 쓰면 멀리 있는 건 잘 보이는데 가까이 있는 건 또 잘 보이지 않는다. 안경원에서는 근시라고 말해주었다. 정확한 말뜻이 무엇이든 간에, 어쨌든 내 몸 곳곳이 예전 같지 않다는 신호이다.

지난 5월부터 8월까지 넉 달 동안 신경 및 척추에 이상이 생겨 극심한 통증으로 힘든 시간 보냈다. 살면서 그렇게 아픈 적 처음이었다. 앞으로 해야 할 일 많은데, 벌써 이렇게 몸이 부서지면 안 되는데. 별생각 다 들었다. 마음은 청춘인데 몸은 빠르게 노화하고 있으니 참말로 답답한 노릇이었다. 이제 큰 꿈과 목표를 그만 내려놓아야 하는 것인가. 아직은 삶과의 전투를 멈출 때가 아닌데. 양극단의 생각으로 머리가 터질 것만 같았다.

지금 나는 어떠한가. 엊그제 강의 요청 메일을 받았다. 춘천이다. 대구에서 춘천까지 쉽지 않다. 두 시간 강의를 위해 하루를 고스란히 투자해야 한다. 예전 같았으면 글쓰기&책 쓰기 배우고 싶다는 사람들 만나러 물속이라도 뛰어들겠다는 각오였다. 하지만, 이제는 그런 열정 내려놓기로 했다. 남들이 내게 "이은대 이제 다 됐네." 따위의 말을 할까 봐 두렵기도 하지만, 남들 시선 의식하며 중심 못 잡는 인생이 제일 어리석다는 건 누구보다 내가 잘 안다. 정중하게 거절했다. 대신, 내가 할 수 있는 강의에 두 배로 정성 쏟는다. 이것이 오십의 지혜다. 돈 버는 것도 중요하지만, 돈에 모든 걸 바치지 않는 현명함. 오십이 바라보는 돈은 균형이어야 한다.

할 수 있는 일에는 최선을 다하되, 무리다 싶은 일은 과감히 내려놓는다. 몸과 마음 챙겨야 할 때는 귀하게 챙기고, 열정과 의지 불살라야 할 때는 집중하고 몰입한다. 이 두 가지를 구분할 줄 아는 힘이 중요하다. 무엇보다 자신을 주시하고 살펴야 한다. 내가 무엇을 할 수 있고, 또 무엇을 하기 힘든가. 몸과 마음 일일이 확인하면서 상황 판단을 해야 한다. 월요일과 수요일, 목요일과 토요일에는 고정 강의가 있다. 조정할 필요도 없고 조정할 마음도 없다. 일주일에 4~5회 강의는 아직 거뜬하다. 추가 강의는 상황이나 조건에 따라 가부를 결정해야 한다. 무조건 다 하겠다는 욕심도 내려놓아야 하고, 무조건 다 사양하는 태도도 주의해야 한다. 적절한 균형이란 이래서 어렵다. 전부 하고 싶은 마음과 싹 다 내려놓고 싶은 마음 사이에서 나는 매일 갈등한다.

오십이 되면 나이 들었다는 소리가 참 듣기 싫다. 그러면서 동시에, 아직 한창이란 말도 듣기 거북하다. 나이 먹었지만, 아직은 젊다. 아직 젊다 생각하지만, 힘에 부치는 것도 사실이다. 이러지도 저러지도 못하는 나이. 옛말에 오십을 지천명(知天命)이라 하였다. 천명을 아는 나이란 뜻이다. '천명을 안다'는 것은 하늘의 뜻을 알아 그에 순응하거나, 하늘이 만물에 부여한 최선의 원리를 안다는 것을 의미한다. 한 마디로 세상 돌아가는 모양새나 인생의 의미를 이해한다는 개념일 터다. 공자는 나이 오십에 이르러 하늘의 명을 알았는지 모르겠지만, 나는 아직 아내 말도 제대로 못 알아듣고 있다. 평균 수명이 늘어나면서 나이에 대한 해석도 달리 해야 하는 것 아닌가 생각해 본다.

이 땅의 대부분 남자가 그러하겠지만, 나이가 오십이 되었음에도 무엇 하나 마음대로 할 수 있는 게 없다. 먹고 살자니 돈 벌어야 하고, 집에 가면 아내나 자식들 챙겨야 하고, 부모 슬하에서는 여전히 아이에 불과하다. 가수 싸이의 '아버지'란 노래 가사를 보면, 딱 지금 오십에 이른 우리들 이야기 같아서 눈시울이 뜨거워진다.

그럼에도 다시 힘을 내 또 하루를 살아가는 이유는, 고뇌와 서글픔 못지않은 행복이 있기 때문 아니겠는가. 사랑하는 가족이 있고, 어떻게든 여기까지 버티며 살아낸 인내와 끈기가 있고, 아직은 여전히 살아갈 날들이 많이 남아 있고, 최고의 날은 아직 오지 않았으니. 그래, 맞다. 아직은 끝나지 않았다. 남은 힘으로 반환점을 돌아 한 걸음씩 내디딘다. 여전히 돈 욕심이 나고, 앞으로 더 많이 벌겠다는 마음도 식지 않았지만, 이제 더 이상 순위에 연연하지 않는다. 지쳐 쓰러지는 일도 없을 거다. 느긋하게, 그러나 때로 치열하게. 나이에 순응하며, 때로는 나이를 초월하며. 6070에 태어난 이들이 건재함을 보여줄 때다. 나, 이제 고작 오십일 뿐이니까.

2장

관계

떠날 사람은 떠난다

마음에 드는 사람이 있는가 하면, 꼴도 보기 싫은 사람도 있다. 마음에 드는 사람은 어떻게든 곁에 머물게 하고 싶고, 꼴 보기 싫은 사람은 어떻게든 피하고 싶다. 나만 그런 건 아닐 거다. 사람은 누구나 자기 마음에 꼭 맞는 사람과 함께 하고 싶은 욕구를 가지고 산다. 문제는, 그게 마음대로 되지 않는다는 것.

사람이 좋아서 모든 걸 내어주었는데도 가차 없이 등 돌리고 떠나는 사람 있다. 왜? 무엇이 잘못되었는지조차 모르는 상황에서. 그럴 때 우리는 상처 받는다. 내가 얼마나 잘해주었는데. 어떻게 나한테 이럴 수가 있어. 울분을 토해내지만 돌이킬 수 없다. 이렇게 뒤통수 맞고 나면 한동안 얼얼하다. 사람 믿지 못한다. 앞으로 절대 사람 믿지 않겠다고 다짐한다. 그러면서 또 시간이 지나면 누군가를 좋아하고 믿고 품는다.

싫은 사람은 또 어떠한가. 어떻게든 피하려고 안간힘을 쓰지만, 어딜 가나 귀신처럼 따라붙는다. 딱 해당하는 그 사람 아니더라도 비슷한 누군가가 나타나서 속을 뒤집는다. 이해해야지, 그냥 봐줘야지, 있는 그대로의 그를 존중해야지, 별생각 다 하면서 마음 추스르지만 뒤집어진 염장은 여간해서 제자리로 돌아오질 않는다.

이러한 이유로 인간관계 힘들다고 하는 듯하다. 마음에 드는 사람은 뒤통수 치고 떠나버리고, 싫은 사람은 악착같이 주변에서 맴돈다. 그렇다고 모든 사람 관계 정리하고 산으로 들어갈 수는 없지 않은가. 어떻게 해야 인간관계 좀 수월하게 풀어낼 수 있을까. 나이 오십에 이르러 아직도 사람 때문에 힘들어한다면, 이제 사람 공부를 좀 해야 할 때가 되었다.

첫째, 떠날 사람은 떠난다. 직전에 출간한 〈황금 멘탈을 만드는 60가지 열쇠〉에서도 언급한 바 있다. 우리가 괴로운 이유는 집착 때문이다. 그중에서도 사람에 대한 집착이 가장 힘들다. 사람을 떠나지 않게 만드는 법, 떠난 사람들 돌아오게 만드는 법 등이 마땅찮기 때문이다. 사람 마음의 문제는 딱 부러지는 해결책이 없기 때문이다. 그렇다면 어찌해야 하는가. 받아들이고 내려놓아야 한다. 오는 사람은 자기가 오고 싶어서 오는 거다. 가는 사람도 자신이 가고 싶으니 가는 거다. 그걸 내가 어찌해 보려고 발버둥 치는 것 자체가 오류다. 오면 오는 대로 가면 가는 대로 내버려두어야 한다. 나무처럼. 그래야 마음 편안하게 살아갈 수 있고, 마음이 편안해야 삶이 가벼워진다. 인생이 가벼워야 뜻을 펼칠 수도 있는 법이다.

둘째, 내 탓이 아니다. 사람은 누구나 장단점을 가지고 있다. 나의 장점을 본 사람은 나를 좋아한다. 그러다가 나의 단점을 보기 시작하면 싫어하기도 한다. 나는 변한 게 없지만, 그는 나를 두고 "사람이 변했다"고 말한다. 내가 잘해서 사람이 다가오는 게 아니다. 내가 잘못해서 사람이 떠나는 게 아니다. 나는 그대로이지만, 상대의 마음이 시시각각 변하는 거다. 물론, 내가 잘하거나 잘못하는 경우도 있다. 하지만, 일반적으로 내가 잘하거나 잘못하는 경우보다 상대의 마음이 변하는 때가 훨씬 많다. 그 사람이 나를 떠나는 것이 내 잘못이 아니란 뜻이다. 상대의 마음 바뀌는 것 일일이 다 신경 쓰면서 붙잡으려 집착하는 것은 어리석은 태도이다. 자기 비하? 절대로 하지 말아야 한다.

셋째, 내 인생에 집중해야 한다. 좋은 사람이 내 곁에 왔다고 해서 방방 뛰느라 제 할 일 제대로 하지 않으면 그게 좋아할 일인가. 좋은 사람 떠났다고 해서 괴로워하고 화내느라 해야 할 일 똑바로 하지 못한다면 그게 과연 나를 위한 행동인가. 다른 사람의 말이나 행동에 휘둘리며 자기 인생 바로 챙기지 못하는 태도는 어떠한 말로도 변명할 여지가 없다. 기분 좋을 수도 있고, 괴로울 수도 있다. 우리 인생에 이런 일이 얼마나 많은가.

그럴 때마다 좋고 나쁜 감정 때문에 할 일 못 한다면 인생 어찌 만들어갈 수 있겠는가. '그들'에게 집중할 것이 아니라 '내 인생'에 집중해야 한다.

　나이 오십쯤 되고 보니, 지난 세월 돌아보는 때가 많다. 수많은 사람이 내게 왔고 또 떠나갔다. 좋은 사람도 많았고 미운 사람도 적지 않았다. 그리운 사람도 있고 여전히 속이 화끈거리는 사람도 있다. 아쉬운 것은, 과거 어느 순간 누군가 때문에 내 할 일 제대로 하지 못했다는 사실이다. 기억조차 나질 않는 누군가 때문에 내 삶에 흠집이 생겼다는 뜻이다. 사람에 대한 집착으로 인생이 흔들렸던 경험 있고, 그래서 사람에 매달리지 말아야 한다는 교훈을 얻었다면, 이제 남은 삶은 달라져야 한다. 더 이상 타인에게 집착하며 자기 인생 흔들리는 일 없어야 한다.
　[자이언트 북 컨설팅]을 운영하며 많은 사람과 인연 맺었다. 참으로 본받을 만한 사람이구나 느낀 적도 많고, 어찌 저럴 수 있나 분통 터지는 사람도 많이 만났으며, 왜 저렇게 자기 삶을 깎아 먹나 안타까운 이들도 적지 않게 만났다. 나와 인연 맺은 모두에게 감사한 마음 품고 살지만, 그들에게 매달려 집착하지는 않는다. 좋다며 오는 사람 기꺼이 반겨주고, 싫다고 떠나는 사람 미련 없이 보낸다. 그럴 수 있었기에 여기까지 올 수 있었다. 사람 귀한 줄 아는 것도 마땅한 태도이며, 사람에게 매달리지 않아야 하는 것도 올바른 처세이다. 존재를 그저 존재로만

두고 보는 것. 이것이 행복한 성공 행복한 관계를 이루는 기본
이다.

그 사람 문제가 아니라 내 감정 문제다

오랜 시간 노력하고 또 노력해서 치른 시험. 오늘이 합격자 발표 날이다. 떨리는 마음으로 컴퓨터를 켜고, 침을 꼴깍 삼키며 확인란을 클릭했다. "합격!" 두 눈으로 보면서도 믿기지 않는다. 왈칵 눈물이 쏟아진다. 그동안 고생하고 잠 못 이루었던 날들이 스쳐 지나간다. 이제 고생 끝이다. 세상에! 이런 날이 오다니!

한참 기쁨에 젖어 감동과 전율에 젖어 있을 때, 전화 한 통이 걸려 온다. 친구다. "은대야. 너무 기분 나빠하지 말고 들어. A가 자꾸 너 흉을 보고 다닌대."

평소 같았으면 불같이 화를 낼 일이지만, 오늘은 아무런 감정이 느껴지지 않는다. "어? 그랬구나. 뭐 어쩔 수 없지. 그러라고 해. 야, 근데 있잖아. 나 오늘 시험 발표 났거든. 나 합격했어!"

나이 오십은 얼마나 위대한가

겨우 용기를 내 확인란을 클릭했는데, 시뻘건 색 "불합격"이란 단어가 눈에 확 들어온다. 수년간 고생한 보람 하나도 없다. 이번만큼은 합격할 거라 기대했었는데. 기분 더럽다. 위층에서 매일 밤 아이들 쿵쾅거리는 소리 때문에 공부를 제대로 할 수 없었다. 아버지와 어머니 다투는 소리에 집중하기 힘들었다. 학원 선생도 제대로 가르치지 못했다. 원망과 분노의 대상들이 하나둘 떠오르기 시작한다. 그때 전화벨이 울린다. 친구다. A가 내 흉을 보고 다닌단다. 더 볼 것도 없다. 옷을 챙겨입는다. 잡아 죽여야지!

A가 내 흉을 보았다는 사실에는 변함이 없다. 그러나, 같은 상황에서 한 번은 신경조차 쓰지 않았고, 다른 한 번은 죽일 듯 화가 났다. 무엇 때문인가? 그렇다. 내 감정, 내 상황 때문이다. 내 기분에 따라 A는 그럴 수도 있는 사람이 되기도 하고 죽일 놈이 되기도 하는 거다. 뒤에서 험담하는 게 잘했다는 게 아니다. 어쨌든 그건 A 사정이고. 지금 내가 전하려는 바는 타인에 대해 느끼는 감정의 원인이 정확히 무엇 때문인가 짚어 보자는 거다.

내 마음 편안하고 행복할 때는 옆에서 방귀 뀌어도 예뻐 보인다. 내 마음 번잡하고 혼란스러울 때는 옆에서 숨만 쉬어도 짜증이 난다. 옆 사람 문제가 아니란 뜻이다. 내 마음이 문제다. 사람에 대한 증오, 누군가에 대한 짜증, 불편하고 불만스럽고 밉고 싫을 때는, 그 사람만 쳐다볼 게 아니라 내 마음을 들여다보아야 한다. 사람이 미울 때는 내 마음을 돌봐야 한다. 내 마음에 뭔가 문제가 있고 내 마음에 걸리적거리는 게 있으니 자꾸만 누군가가 못마땅한 거다.

지금 내 기분은 어떠한가. 지금 내가 하는 일에 어떤 문제가 있는가. 나는 지금 무엇을 걱정하고 근심하는가. 나는 무엇에 불안하고 초조한가. 지금 내 앞을 가로막는 벽은 정확히 무엇인가. 진정 내가 바라는 인생은 무엇이며, 그 목표를 가로막는 방해물은 무엇인가. 이런 생각을 차분하고 고요하게 하면서, 동시에 열심히 살고 있는 자신을 위로하고 안아주어야 한다.

밖에서 벌어지는 일 백날 수습해 봐야 행복 못 찾는다. 다른 사람 흉보고 욕하고 뜯어고치려 애써 봐야 절대 행복해질 수 없다. 문제의 근원은 내 안에 있다. 내 마음 불편하고 불안한데 엉뚱한 곳 고쳐 봐야 무슨 효과가 있겠는가.

내가 사람들에게 글을 쓰라고 권하는 이유도 여기에 있다. 일단 글을 쓰면, 모든 생각의 초점이 내 안에 맞춰진다. 글은 생각을 표현하는 수단이다. 머릿속에 잠재되어 있는 생각은 명확하지 않다. 글로 써야만 분명해진다. 생각을 분명하게 확인하는 것만으로도 문제의 절반은 해결할 수 있다. 실체를 확인하면 마음 편안해진다. 사람은 자신을 가로막는 것이 무엇인지 알지 못할 때 불안하고 두려운 감정 느끼는 법이다. 귀신을 두려워하

나이 오십은 얼마나 위대한가

는 이유는 그것이 정확히 무엇인지 모르기 때문이다. 글로 쓰면 감정을 명확하게 볼 수 있다. 그런 다음, 지금 이 감정의 원인이 무엇인가 적어 본다. 해결할 수 있는 문제라면 기꺼이 최선을 다하고, 내 힘으로 어쩔 수 없는 일이라면 과감히 내려놓는다. 이렇게 마음을 정화하는 시간 갖고 나면, 세상과 타인을 보는 시선이 약간은 고와진다. 불평불만도 서서히 줄어든다. 감정이 고요해지면, 그때는 무슨 일을 해도 성과를 낼 수 있다.

나이 오십쯤 넘고 보니, 사람 이기려고 바득바득 애쓰는 모양새가 그리 예뻐 보이지 않는다. 젊은 사람들도 마찬가지겠지만, 특히 중년쯤 되었으면 점잖게 이해도 하고 용서도 하고 허허 웃고 넘어가는 여유도 부릴 줄 알아야 멋있다. 무조건 참으라는 얘기가 아니다. 문제의 원인이 내 마음에 있을 수도 있으니, 차분하고 고요하게 마음 살피는 일부터 먼저 해 보자는 뜻이다. 그런 다음에 화를 내도 늦지 않으니.

인간관계가 제일 어렵고 힘들다. 그 이유는 마음이 괴롭기 때문이다. 뾰족한 방법도 없다. 이 모든 문제가 자신이 아니라 타인에게서 해결책을 찾으려 하기 때문이다. 화살표를 자신에게 돌리면 전혀 다른 관점에서 바라볼 수 있다. '나' 때문이 아니라는 사실. 사람은 그저 온갖 감정에 휘둘리는 존재라는 점. 꼭 기억해야 한다.

사람은 누구나 자신이 옳다고 믿는다

감옥에서 많은 사람 만났다. 그들 중 누구도 "난 죄를 지었다"라고 말하는 사람 없었다. 그들이 말하는 바는 비슷했다. "난 억울해, 내 형량은 너무 과해, 그때 나는 그럴 수밖에 없었다고!" 감옥에는 화를 내는 사람이 많았는데, 이것은 아마 다들 자신이 억울하다는 생각에 분통이 터진 결과라고 할 수 있을 것이다.

대한민국에는 판사라는 직업이 있다. 다들 알다시피, 엄청난 공부를 오랜 시간 해야만 판사가 될 수 있다. 그들의 인격이나 다른 부분은 언급할 바 아니지만, 적어도 법을 기준으로 사건을 해석하고 평가하고 형을 집행하는 과정에 있어서는 누구보다 똑똑하고 빈틈없을 거라 믿는다. 그런 판사가 아무 잘못도 없는 사람들을 감옥에 몰아넣었을 리 있겠는가.

사람은 누구나 자신이 옳다고 믿는 성향이 있다. 심지어 감옥에 있는 사람들조차 그러하니 밖에 있는 사람들 오죽하겠는가.

나이 오십은 얼마나 위대한가

길에다 담배꽁초 버린 사람한테 가서 죄를 물으면, "근처에 쓰레기통이 없기 때문"이라며 정당성을 주장한다. 불법 주정차를 하는 사람한테 가서 잘못을 지적하면, "건물에 주차장이 없으니 어쩔 수 없다"라고 자기 행동을 합리화한다. 옳고 그름을 떠나서, 개인이 다른 개인에게 죄를 묻거나 비난하거나 잘못을 지적하는 일은 아무 효과가 없다는 사실을 인정해야 한다.

위 내용은 내가 직접 겪은 일이기도 하고, 카네기 〈인간관계론〉 첫 꼭지에 등장하는 내용이기도 하다. 책에 적힌 문장을 옮겨 본다. "비판이란 쓸데없는 짓이다. 왜냐하면 비판은 인간을 방어적 입장에 서게 하고 대개 그 사람으로 하여금 자신을 정당화하도록 안간힘을 쓰게 만들기 때문이다. 비판이란 위험한 것이다. 왜냐하면 그것은 한 인간의 소중한 자존심에 상처를 입히고, 그의 자중심에 손상을 주고 원한을 불러일으키기 때문이다."

일상에서 우리는 얼마나 많은 비난과 험담을 주고받는가. 나는 아무런 잘못이 없고, 상대는 분명한 잘못을 저질렀다는 논리를 얼마나 자주 펼치고 있는가. 그 모든 비난과 험담과 심판이 실은 아무런 성과를 내지 못하고 있다는 사실을 안다면 조금은 달라질까.

살면서 억울하고 분하다는 생각을 자주 했었다. 기억 첫머리는 초등학교 때다. 5학년 때인가. 반장이 되어 청소를 지휘(?)하는데, 덩치 큰 녀석이 왜 너는 청소를 하지 않느냐며 시비를 걸었다. 나는 반장이니까 청소하는 대신 확인하고 점검하고 선생님에게 보고하지 않느냐고 맞섰는데, 녀석이 나를 확 밀치는 바람에 친구들 다 보는 앞에서 교실 바닥에 자빠졌던 기억이 난다. 힘이 약한 게 서러웠고, 친구들 앞에서 망신당한 게 창피스러워 견딜 수가 없었다. 선명하지는 않지만, 나는 그 후로 오랫동안 그 녀석을 '나쁜 놈'이라 부르며 다녔던 것 같다.

고등학교 때 친구들과 운동장에서 공을 차곤 했다. 내가 패스한 공을 한 친구가 제대로 받지 못해 상대 팀 골대로 들어가는 사고(?)가 일어났다. 나는 왜 공을 제대로 받지 못하냐며 녀석을 나무랐고, 녀석은 나를 보며 어디다 공을 차는 거냐며 바보 취급했다. 장난처럼 시작된 싸움은 들불처럼 번졌고, 내 편을 들어주는 친구들과 녀석의 편을 들어주는 친구들로 나뉘어 한바탕 난리를 치렀다. 그때도 우리는 같은 목소리를 냈다. "내가 잘못한 게 뭐 있어! 네가 잘못한 거지!"

회사에 다니면서도 울화통 터지는 일은 자주 있었다. 회식 자리에서 술을 마다하다가 상사들이 억지로 권하는 바람에 과음했고, 그래서 다음 날 지각한 적 있었다. 사무실 직원들 다 보는 앞에서 팀장은 내게 소리쳤다. "이기지도 못할 술을 왜 그리 먹은 것이냐!" 나는 술이 약해서 이기지 못하니 조금만 먹겠다고 열 번쯤 말했는데, 괜찮다며 마음껏 마시라고, 수도 없이 잔을 채워 강제로 먹인 사람이 누구인가. 이 글을 쓰면서도 나는 또 "나는 옳고 너는 틀렸다"를 반복하고 있으니 더 설명할 필요도 없겠다.

우리는 왜 이리 모든 순간에 심판관이 되는 것일까. 자칫하면 억울하고 분한 일을 당할까 봐 두려워서 미리 방어막을 치는 것인가. 초등학교 때 덩치 큰 녀석, 고등학교 때 싸웠던 친구, 직장 다닐 때 팀장. 인연 맺었던 사람들을 향해 "네 잘못을 알라!" 큰소리 뻥뻥 치는 내가, 왜 나 자신을 향해서는 실수나 잘못을 냉혹하게 비난하지 않는 것인가.

상식적으로 생각해도 완벽한 사람은 존재하지 않는다. 나도 분명 잘못한 게 많을 텐데. 억울하고 분통 터지는 일 겪었을 때 상대방은 죽일 듯 비방하고 힐난하면서, 왜 나 자신은 별 잘못 없다고 여기며 살아온 것일까. 내가 이러하듯 다른 사람들도 다 마찬가지다. 모든 순간에 판사와 심판관이 되는 우리는, 자기 잘못을 지적하고 비난하기보다는 타인의 잘못만 탓하고 만다. 이치에 맞지 않고 상식에 어긋나는 이러한 말과 행동을 우리 모두 하면서 살아가고 있다는 사실. 생각해 볼 문제이다.

다른 사람 비난하지 말아야 한다. 우리는 상대를 바꿀 수 없다. 쓸데없는 감정 낭비보다 인생 도움 되는 성찰을 하는 편이 자신에게 이롭다. 미운 감정 치솟아 그의 죄를 낱낱이 밝히고 싶은 심정 충분히 이해하지만, 나도 그에 못지않은 죄를 지으며 살아왔으니 덤덤하게 볼 수 있어야 한다. 이 말에 또 발끈하는 사람 있을 거다. 내가 무슨 죄를 지었다고! 이렇게 우리는 살아 간다.

상황보다 상태가 중요하다

　누군가 툭 내뱉은 말 때문에 상처받을 때 많다. 믿었던 사람으로부터 배신당하는 일도 잦다. 대체 왜 저럴까, 이해하기 힘든 사람 만날 때도 있다. 눈엣가시처럼 하는 말마다 하는 행동마다 마음에 들지 않는 사람과 함께 해야 할 때도 적지 않다. 인생 절반쯤 살고 보니, 이렇게 사람으로 인해 일어나는 불편한 상황이 '일상이구나'라는 생각이 든다. 사람은 누구나 서로 다른 환경에서 다른 교육을 받고 다른 사람들과 어울리며 성장한다. '다르다'라는 사실을 인정하지 않는 한, 스트레스와 갈등은 없애기 힘들다.

　기억해야 할 사실이 있다. 상황보다 상태가 중요하다는 것. 내 주변에서 일어나는 상황은 나를 힘들게 또 불편하게 만든다. 상황은 여러 가지 복합적인 사건들로 만들어지기 때문에 내 힘으로 모든 걸 통제한다는 건 불가능에 가깝다. 이럴 때 우리가 주의를 기울여야 할 것은, 밖에서 일어나는 상황이 아니라 내면의 상태이다.

먼저, 자신에게 일어나는 모든 상황의 의미를 깨달아야 한다. 왜 나에게 힘든 일이 생기는 것일까. 왜 나에게 속상하고 기분 나쁜 일들이 일어나는 것일까. 사람은 고통과 시련을 통해 성장한다. 좋은 일만 계속 일어나면 그 사람은 견디는 힘이 약해지고 조그만 일에도 쉽게 상처를 받는 유약한 존재가 되고 만다. 신이 우리에게 온갖 문제를 던져주는 이유는, 그것을 참고 견디는 과정에서 인격을 수양하고 정신을 강하게 만들어 더 나은 존재로 거듭나도록 만들기 위함이다. "지금 상황이 힘들긴 하지만, 나는 잘 견디고 버티며 결국은 극복하고 말 것이다. 이번 경험을 통해 나는 더 강해지고, 새로운 존재로 거듭날 것이다!" 외부 상황이야 어떠하든, 내면은 항상 이렇게 강인하고 흔들림 없는 상태를 유지할 수 있어야 한다.

힘든 일 생길 때마다 좌절하고 절망하면, 상황을 극복하는 존재가 아니라 상황에 휩쓸리는 사람이 되고 만다. 세계적으로 성공한 사람들도 모두 비슷한 상황을 겪었다. 그들은 끝까지 참고 견디며 이겨냈다. 평범한 우리가 자주 넘어지는 이유는, 힘들고 어려운 상황에만 집착하여 내면의 태도를 소홀히 여기는 탓이다.

어리거나 젊은 시절에는 인생 경험이 부족한 탓에 조금만 힘들어도 짜증을 부리거나 화를 내거나 좌절하지만, 나이 오십쯤 되고 나서는 인생에 일어나는 모든 상황을 슬기롭게 받아들이고 활용할 줄 아는 지혜를 갖추어야 한다.

최근에 사람 때문에 힘든 일 많았다. 누군가는 뒤에서 나를 험담하고, 누군가는 약속을 지키지 않고, 또 다른 사람은 조직의 분위기를 흐리기도 하였다. 생각 같아서는 당장 그들에게 욕을 퍼붓고 관계를 정리하고 싶었지만, 그런 행동은 상황에만 끌려다니는 바람직하지 않은 태도임을 안다. 좋아하는 사람하고만 일할 수 없다. 기분 나쁜 말 들어도 그냥 넘어가는 법을 배워야 한다. 까다로운 사람과도 잘 지낼 수 있는 배려심 키우고, 기분 좀 나빠도 즉각 반응하지 말아야 한다. 이 모든 과정을 거치는 동안 나는 점점 강해진다. 남은 인생 살아내기가 한결 수월해질 것이다.

때때로 욱하는 마음 생길 수 있다. 사람이니까. 부처님이나 예수님 정도 되면 모를까. 우리는 모두 사람이기 때문에, 속상하고 화가 나는 일 겪으면 순간적으로 폭발할 수도 있다는 사실에 너그러워야 한다. 짜증을 부리고 화를 냈다는 이유로 자신을 비하하는 행위는 짜증을 부리고 화를 냈다는 사실보다 더 나쁘다. 어떤 경우에도 자신을 소중히 여기는 마음이 먼저여야 한다. 다만, 순간적으로 욱하고 있는 자신을 직시할 수 있어야 하며, 지금 일어나고 있는 상황이 자기 삶에 어떤 의미와 가치를 부여하는가 생각하는 여유를 가질 수 있어야 한다. 시간이 지나서라도 이러한 생각을 할 수만 있다면, 앞으로 즉각 반응을 보이는 일도 점차 줄어들 것이다.

우리가 살아가는 이유는 결국 행복한 성장이다. 외부에서 일어나는 모든 상황에 일일이 반응하며 감정 추스르지 못하면, 내면의 행복도 누릴 수 없고 성장도 요원해진다. 일어나는 상황에 대해 즉각 반응했을 경우, 대부분 시간이 지나면 후회하게 마련이다. 내가 왜 그랬을까. 굳이 그렇게 화를 냈어야 하는 것일까. 괜히 상처를 준 것인가. 순간적으로 속이 시원할지는 몰라도, 사람의 본성은 예외없이 선해서 그냥 참고 넘어갈 걸 하는 후회를 하는 것이다.

나는 순간적인 감정으로 판단하고 선택하고 결정한 탓에 인생 통째로 날려버린 경험 있다. 화를 내고, 비난하고, 험담하고, 손가락질하고, 동시에 나는 옳고 너는 틀렸다는 사고방식을 습관처럼 지니고 살았다. 사업 실패하고 전과자 파산자가 된 것도 이러한 즉각 반응 때문이었다고 생각한다. 지금은 다르다. 다르게 살려고 노력한다. 잠시 틈을 두는 것. 상황이 벌어지면 잠깐이라도 지켜보고 해석하는 시간을 갖는다. 물론, 지금도 가끔 욱할 때가 있다. 하지만, 시간이 지나면 분명 후회할 게 틀림없다는 생각도 동시에 하기 때문에 예전처럼 막무가내로 감정에 휩쓸리지는 않는다.

마음에 파도가 일어나면 나만 손해이고 나만 불편하다. 상대는 내 마음이 어떤 상황인지 알지 못하기 때문이다. 고요한 마음, 평정심을 유지하는 태도가 살아가는 데에 꼭 필요하다. 외부에서 일어나는 상황에 주목할 것이 아니라, 내 마음 상태가 어떠한지 관심 가져야 한다. 상황은 통제 불가하지만, 내면의 상태는 언제가 내 선택에 달려 있다. 숨을 크게 쉬어야 한다.

그 사람을 통해 나를 바꾼다

스무 살이나 서른 살 때에는 나와 생각이 다른 사람에 대해 이상하다거나 도저히 이해할 수 없다거나 그가 틀렸다는 생각만 했다. 오십이 넘어서는 조금 다르게 생각하게 되었다. 세상 모든 사람은 나와 다르다. 별별 사람 다 있다는 사실을 받아들이게 된 거다. 법적으로든 도덕적으로든 옳고 그름을 떠나서, 그냥 사람은 각자의 사고방식대로 생각하고 말하고 행동한다는 걸 이제야 깨닫게 되었다. 사람은 저마다의 가치관대로 살아간다는 사실을 인정하고 나니까, 사는 게 이토록 평온할 수 없다.

수업에 참여하지도 않으면서 틈만 나면 글쓰기가 어렵다고 하소연하는 친구가 있다. 처음에 나는 그에게 따끔하게 충고해 주어야겠다고 마음먹었다. 글쓰기 수업이 얼마나 중요한지, 수업에 참여하는 것이 글쓰기에 얼마나 도움 되는지, 배우고 익히려는 자세가 글을 잘 쓰는 것보다 중요하다는 사실을, 하나부터 열까지 마음 태도를 싹 바꾸어야 한다는 사실을, 그에게 제대로 알려주어야겠다고 생각했다.

차분하게 설명하기도 하고, 목에 핏대를 세워 강조하기도 하고, 설득도 해 보고, 다독거리기도 했고, 화를 내기도 했다. 그 친구는 내 말을 들을 때마다 고개를 끄덕였고, 심지어 수첩을 꺼내 메모를 하기도 했다. 어떻게 되었을까? 그 친구 여전히 수업 듣지 않고, 또 여전히 글쓰기 어렵고 힘들다며 툴툴거리고 있다. 나는 그 친구를 바꾸려고 노력했지만 실패했고, 그 친구는 나를 향해 꼰대 같은 공자님 말씀만 늘어놓는다며 불평한다. 둘 중에 누가 잘했고 누가 잘못했는가 따지는 것은 아무 의미 없다. 중요한 것은, 나와 그 친구가 전혀 다른 안경을 쓴 채 살아가고 있다는 사실이다. 그 친구는 당장 글을 잘 쓸 수 있는 비법이나 지름길을 찾고자 하고, 나는 충분한 시간을 들여 연습하고 훈련하는 것만이 유일한 방법이라고 강조한다. 서로 다른 사고방식을 가진 사람 둘이 같은 세상을 살아간다.

내게는 사람을 바꿀 힘이 없다. 사람은 여간해서 바뀌지 않는다. 사람은 타인에 의해 달라지지 않는다. 이 세 가지 명확한 사실을 받아들이는 사람이 평온한 인생 누릴 수 있다. 그렇다면, 마음에 들지 않는 사람이나 미운 사람 만났을 때는 어떻게 해야 할까. 어떻게 해야 마음 평온한 상태로 살아갈 수 있을까.

답은 하나다. 오직 자신에게 집중해야 한다. 나와 내 인생에 집중하는 것만이 인생 제대로 사는 유일한 길이다. 자신의 이익만을 챙기라는 이기주의를 강조하려는 게 아니다. 다른 사람을 내 입맛에 맞게 뜯어고치려는 습성을 없애고, 그 시간에 자기 인생에 집중하라는 말이다. 완벽한 사람 없다. 나도 부족하고 모자라고 못난 구석 많다. 나 자신을, 내 삶을 더 나은 위치로 끌어올리려는 노력을 게을리하지 않는 것. 이것이야말로 우리가 매 순간 추구해야 할 목표다.

수업에 참여하지 않는 그 친구를 보면서, 나는 모든 일에서 기본과 원칙을 중시하며 살아야겠다는 다짐을 새로 한다.

수업에 제대로 참여하지도 않으면서 글 쓰기가 힘들고 어렵다는 불평만 하는 그 친구에게서 마음을 돌려 나와 내 인생에 집중하기 시작했다. 강의를 통해 책 출간하는 작가를 양성하고, 아홉 번째 개인 저서도 출간했다. 나는 점점 성장했고, 그 친구는 성장하는 나와 다른 작가들을 지켜보았다. 그 친구가 어떻게 변했는지 독자 여러분이 궁금할 수도 있겠지만, 나는 더 이상 그 친구의 이야기를 여기에 쓰지 않기로 했다. 중요한 건 내 인생이니까. 중요한 건 독자 여러분 자신의 인생이니까.

마음에 들지 않는 사람 있는가. 누구 때문에 아주 미쳐버릴 정도로 신경이 날카로워지는가. 미운 마음 때문에 일이 손에 잡히지 않는가. 억울하고 분하고 속이 상하는가. 이제 그 사람으로부터 자유로워져야 한다. 그로부터 마음을 거두고 자기 삶으로 향해야 한다. 적어도 나는 그와 같은 사람이 되지 말아야겠다는 다짐부터 한다. 그런 다음, 더 높은 곳으로 향하기 위해 무엇을 어떻게 해야 할지 정한다. 나를 위한 노력, 내 삶을 위한 연습과 훈련에 모든 시간과 에너지를 투입하는 것이다.

"노력하고 싶지만, 여전히 그 사람에 대한 증오와 불편한 감정이 남아 있습니다."

처음부터 마음이 확 돌아서기는 힘들다. 이렇게 하겠다 결심한다고 해서 마음이 자동으로 바뀌지는 않기 때문이다. 어느 정도 시간이 필요하다. 조급한 마음 내려놓고, 그 사람 생각이 떠오를 때마다 '그만 내려놓고 내 삶에 집중하자!' 자신을 위한 만트라를 중얼거려 보자. 이러한 노력이 자기 삶을 얼마나 멋지게 바꿔 놓을 것인가 상상하면 기분이 좋아질 것이다.

누군가를 바꾸려 들지 말고, 그 사람을 통해 내 삶을 바꾸겠다고 생각하는 것이 지혜롭고 현명한 태도이다. 정말로 중요한 게 무엇인가. 그 사람 뜯어고치는 것인가, 아니면 내 삶을 더 낫게 만드는 것인가. SNS 세상이 되다 보니, 심판관이나 판사로 살아가는 이들이 점점 많아지는 듯하다. 다른 사람 인생에 뭐그리 관심이 많은가. 뭘 그리 간섭하려 드는가. 정작 자기 인생은 지금 어떤 상황인지 챙기지도 못한 채 다른 사람 말과 행동따지는 것이 무슨 의미가 있겠는가.

앞으로 5년쯤 지났을 때, 내 삶이 지금과는 다른 차원으로 이동한다면, 내가 미워했던 사람들이 나와 내 삶을 보며 무슨 생각을 하겠는가. 미래 그 장면을 떠올릴 때마다 나는 흐뭇하고 기쁘다. 아울러, 누군가를 향한 증오심도 한결 줄어든다. 내 삶이 엉망이면 세상과 타인도 못마땅하게 보이게 마련이다. 내 삶이 풍요롭고 안정적이면 세상과 타인도 여유롭게 볼 수 있다. 언제 어디에서 어떤 상황이 펼쳐져도, 우리에게 가장 중요한 것은 남이 아니라 나 자신임을 잊지 말아야 한다. 남 지적하는 일 그만두고 자신에게 집중하라. 내 삶이 좋아지면 내 눈에 비치는 모든 것들도 함께 좋아진다.

나이 오십은 얼마나 위대한가

상대방의 중요성을 인정해 주기

사업 실패로 재산 다 날렸다. 물질적 가치만 잃은 게 아니었다. 관계도, 가능성도, 희망도, 꿈도 모두 사라졌다. 감옥에 있을 때, 가장 많이 그리고 자주 생각했던 것은 "이제 나는 아무짝에도 쓸모없는 사람이 되었다"라는 거였다. 전과자가 되었으니 세상 사람들은 나를 범죄자로 볼 것이며, 파산자가 되었으니 새로운 도전 따위 할 만한 기회조차 없을 터였다.

사람은 누구나 자기 몫의 일을 하고 그에 상응하는 대가를 받으면서 존재 가치 인정받기를 바란다. 인간으로서 가장 기본적인 욕구를 채울 수 없게 되었으니, 그때의 절망감은 이루 말하기 힘들 정도였다.

그랬던 내가 다시 일어서 지금의 삶에 이를 수 있었던 것은, 내 책을 읽은 독자들의 반응 덕분이었다. 존재 가치를 상실했던 나는 그들이 "도움을 받았다, 감사하다"라고 하는 말에 살아낼 힘을 얻을 수 있었다. 아무짝에도 쓸모없다고 여겼던 나 자신이 글쓰기를 통해 제법 중요한 존재가 될 수 있다고 생각했고, 이후로 쓰는 행위를 멈춘 적 없었다. 자기 중요성은 모든 사람이 추구하는 기본적인 욕구이다. 이것이 채워지면 상상을 초월하는 능력을 발휘할 것이며, 이것이 채워지지 못하면 자기 능력의 절반도 발휘하지 못한다.

자기 중요성이란, 스스로 중요한 인물이 되기를 바라는 마음이다. 중요한 인물로 인정받기를 갈망하는 마음이다. 존재 가치를 상실했다고 믿었던 내가 다시 살아낼 수 있었던 이유는 독자로부터 중요한 인물로 인정받았다고 믿은 덕분이다. 공부를 열심히 하는 이유도 중요한 인물이 되기 위함이고, 돈을 많이 벌고자 하는 욕구도 자기 중요성과 맞닿아 있으며, 사랑을 갈구하는 이유도 상대에게 중요한 인물로 인정받기를 원하기 때문이다. 좋은 회사에 취직하려는 이유도 중요한 인물이 되고자 하는 욕구에서 비롯되며, 궁극적으로 성공과 부를 바라는 이유 또한 중요한 인물로서 세상과 타인으로부터 인정받기를 원하기 때문이다.

모든 사람이 이처럼 중요한 인물로 인정받기를 갈망한다면, 인간관계에서도 이를 유용하게 써먹을 수 있겠다는 생각이 든다. 누군가를 마주할 때, 그가 중요한 인물이라는 사실을 부각시켜 주면 된다. 예를 들어, 거실에 형광등이 나갔을 때 그냥 남편한테 지시하듯 고치라고만 하지 말고, "당신이 없으면 집안이 제대로 돌아가질 않는다"라고 말해주는 거다. 회사에서 업무를 지시할 때도 그냥 언제까지 하라고만 하지 말고, "이번에도 김 대리 실력 한 번 발휘해 봐"라고 은근히 자기 중요성을 자극하면 효과 있다. 고객과 계약할 때도 무조건 제품이나 성능만 강조할 것이 아니라, "가족에게 없어서는 안 될 선생님이니까 당연히 현명한 선택을 하실 겁니다!"라고 자기 중요성을 강조하면 체결 확률 높아질 것이다.

혹자는 자기 중요성을 자극하기 위한 좋은 방법으로 '칭찬'을 강조하기도 하는데, 개인적으로 이 방법은 반대한다. 지난 9년간, 칭찬과 다정의 끝이 시건방으로 끝나는 경우를 무수히 보았다. 자기 중요성을 자극하기 위해서는 때와 상황에 맞는 칭찬과 일침이 두루 섞여야 한다. 잘한 일에 대해서는 진심 담은 칭찬을 해주어야 하고, 잘못된 말이나 행동을 했을 경우에는 따끔하게 충고 또는 조언을 건넬 수 있어야 한다. 상대방 눈치 살피느라 매번 좋은 말만 늘어놓는 것은 자기 중요성을 해치는 결과를 초래할 수도 있다.

당신은 중요한 사람이기 때문에 신중하게 생각하고 판단하고 결정하고 선택할 수 있어야 한다는 사실을 제대로 전하는 것이 진정으로 그 사람을 위하는 길이다. 아들이 사춘기 때, 말과 행동을 함부로 했던 적 있다. "아빠가 강의나 출장 갔을 때는 네가 엄마를 지키는 유일한 보호자가 되어야 한다." 딱 이 한마디로 아들의 태도는 달라졌다. 자신의 중요성을 깨닫고 그에 어울리는 말과 행동을 하기 시작한 것이다. 어느 날, 나이 지긋한 할머니가 할아버지에게 "당신은 여전히 몸이 멋지구려" 한 마디를 툭 던졌더니, 다음 날 아침 할아버지가 뒤뜰에서 아령을 열심히 들고 있더란 얘기도 기억난다. 자기 중요성을 인식하면 변화와 성장을 위한 행동을 즉각 실행한다는 좋은 본보기이다.

자기 중요성을 인식하지 못하는 사람들은 어떨까? 매사에 불평불만 가득하다. 자신이 인정받지 못하니까 그 불만족이 세상과 타인에게 쏟아져 나오는 것이다. 치밀하고 꼼꼼한 태도는 엿볼 수 없다. 대충 일하고 보수는 크게 바란다. 인생을 멀리 크게 보지 못하고 눈앞에 닥친 일만 수습하기에 급급하다. 결과는 이래도 그만 저래도 그만이다. 자기 몫의 돈만 받으면 뭐가 어떻게 되든 상관하지 않는다. 누군가 성과를 내거나 일을 잘 해내면, 어떤 식으로든 딴지를 걸고 다리를 잡아 끌어내리려고 안간힘을 쓴다. 스스로 존재 가치를 느끼지 못하고 자신이 중요한 인물이란 사실을 알지 못하기 때문에 별로 중요하지 않은 인생을 살아가게 되는 것이다.

두 가지 사실을 명심해야 한다. 지금까지 어떻게 살아왔든 상관없다. 이제부터 남은 인생 살아가면서 자신이 중요한 존재임을 잊지 말아야 한다. 아울러, 누구를 만나든 그가 중요한 인물임을 상기시켜 주어야 한다. 나도 중요하고 너도 중요하다. 이 사실을 인식하고 널리 전하다 보면 세상으로부터 인정도 받고 주변에 사람도 많아질 것이다.

자신을 사랑하는 게 먼저다

주변에서 누군가 다투고 있으면 마음이 불편하다. 이런 나를 유약한 성격으로 보는 이도 있고, 평화주의자로 부르는 사람도 있으며, 어릴 적 부모가 많이 다툰 탓이라고 추측하는 사람도 있다. 원인이야 뭐가 됐든, 나는 가족을 포함한 누구도 사이좋게 지내길 원한다. 문제는, 다른 사람들은 사이좋게 지내길 원하면서 정작 나는 나 자신과 매일 싸우고 있다는 거다. 실수하면 실수했다고 자책하고, 실패하면 또 실패했냐며 좌절한다. 실수하고 실패하는 것이 인생인데, 사소한 잘못조차 인정하지 않으며 호되게 스스로를 나무란다. 괜찮다고 항변하는 나와 제대로 좀 하라고 소리치는 내가 매 순간 부딪치고 있는 것이다.

이렇게 나 자신 실수와 실패를 용납하지 않으니, 다른 사람이 실수하고 실패하는 꼴도 좋게 보지 못한다. 특히, 내가 생각하는 대원칙을 벗어날 때는 좀 심하다 싶을 정도로 잔소리를 하는 편이다. 그런 나를 못마땅하게 여기는 사람 많은 게 당연하고, 그래서 인간관계에도 문제가 적지 않다.

사람은 자신이 가지고 있는 것만 나눌 수 있다. 자신을 사랑하지 않는 사람은 다른 사람 사랑할 수 없다. 내가 나의 허물을 용납하지 못하니까, 다른 사람 잘못도 확대하여 해석하는 경우가 많은 거다. 이런 습관이 생긴 데에는 이유가 있다.

사업 실패했다. 크게 망했다. 별것도 아니라고, 만만하게 여기고 시작했던 사업이 삐거덕거리기 시작했고, 이를 사전에 막지 못한 탓에 인생 통째로 날려버렸다. 그때의 실수와 실패가 뼈에 사무친다. 이후로 내 삶에 같은 실수와 실패를 허락하고 싶지 않았다. 나 자신에게 모질게 대하고 험한 말 서슴지 않았다. 이러한 이유로, 다른 사람을 대하는 태도도 거칠어졌다. 따뜻하고 다정한 나를 바라는 이들 많지만, 경상도 남자임을 핑계로 그러지 못한다는 사실 양해 구할 때가 많다.

인간관계에서 가장 중요한 점은, 자신을 대하는 태도가 어떠한가이다. 스스로 아끼고 사랑하는 사람은 타인도 귀하게 여긴다. 자신을 함부로 여기는 사람은 다른 사람에게도 따뜻하지 못하다. 만약 누군가 관계에 대해 고민하고 있다면, 가장 먼저 해야 할 일은 자신을 안아주는 거다. 자신을 품을 수 있는 사람은 다른 사람도 곁에 둘 수 있다. 어떠한 이유로든 자신을 용서하지 못하고 죄책감과 절망감으로 살아가는 사람은 관계도 원활하게 맺지 못한다.

'난 왜 이렇게 못났을까, 난 망해도 싸, 또 실수하다니, 내 성격은 정말이지 마음에 안 들어, 그냥 다 때려치우는 게 낫겠어, 또 실패할 텐데 도전해 봤자 소용없어.' 이렇게 생각하며 하루하루 살아가는 사람이 생각보다 많다는 사실 이제 놀랍지도 않을 지경이다. 사람은 누구나 태어나는 순간부터 고귀한 가치를 지닌다. 무엇을 이루거나 완벽하게 해내야만 인정받는 게 아니라, 존재 자체만으로 인정과 칭찬받을 만한 자격이 충분하다는 말이다.

큰 실패를 겪으며 '나'란 존재가 이미 충분한 가치를 지니고 있음을 잊었다. 다시 삶을 일으켜 보란 듯이 인생 새로 만들어야만 세상 속으로 돌아갈 수 있다고 믿었다. 그 과정에서 나 자신에게 혹독했다. 잠도 극단으로 줄였고, 매일 치열하게 일했다. 몸을 혹사한 탓에 척추와 신경이 망가지기까지 했다. 이 글을 읽는 독자들은 내 경험을 본보기 삼아 절대 자신을 함부로 여기지 말길 바란다.

자신을 사랑하고 아끼는 게 먼저다. 자신을 함부로 여기는 사람이 타인을 사랑하고 귀하게 여기는 모습 본 적 없다. 반대로, 남에게 함부로 하는 사람은 자기 삶도 허투루 여길 게 뻔하다. 결혼을 전제로 만나는 사람 있다면, 상대가 얼마나 스스로 아끼고 귀하게 여기는지 꼭 확인해 보길 권하고 싶다. 자신을 아끼는 사람이어야만 평생 나를 사랑해 줄 것이기 때문이다. 자녀를 키우는 부모라면, 내 아이가 무엇보다 스스로 사랑하고 귀한 존재임을 인식할 수 있도록 가르쳐야 한다. 공부 잘해서 좋은 대학 가는 것보다 자신을 소중히 여기는 태도가 훨씬 중요하다. 아이들을 가르치는 교사라면, 교과목 가르치는 것도 중요하겠지만, 아이들에게 스스로 아끼고 사랑할 줄 아는 힘을 가르치는 것이 훨씬 중요하다는 사실을 잊지 말았으면 좋겠다.

온라인 시대, 스마트폰 세상이다. SNS를 통해 다른 사람 인생 엿보는 게 일상이 되었다. 인생에서 가장 나쁜 행위라고 일컬어지는 '비교'를 매일 매 순간 하면서 살게 된 것이다. 이럴 때일수록 자기 삶의 소중함과 '나다움'의 가치를 놓치지 말아야 한다. 다른 사람의 풍족함과 화려함에 취하면 자기 삶을 초라하게 여기게 마련이다. 상대적 박탈감을 안고 사는 사람은 결코 행복할 수 없다. 나와 내 인생이 의미와 가치 충분하다는 생각 잊지 말아야 한다.

서른과 마흔의 나를 꼭 한 번 만나 보고 싶다. 해주고 싶은 말이 있다. 일과 돈을 향한 질주를 잠시 멈추고, 열심히 살고 있는 자신을 한 번만 안아주라고. 내가 그걸 못해서 아주 많이 힘들었다고. 잠시만, 잠시만 멈춰서 나를 안아주며 "잘하고 있다" 한마디만 건네주라고. 그 짧은 시간과 말이 인생을 바꿀 거라고 말이다. 이렇게 쓰고 보니, 오십이 넘은 나에게도 같은 말을 전해주고 싶은 마음이 생겼다. 나는 소중한 존재이다. 무슨 일이 있어도 함부로 대하지 말기를.

마음이 느껴지는 칭찬

　연애 시절에는 지금의 아내가 헤어스타일을 바꿀 때마다 그저 "너무 예쁘다!"만 해주면 되었다. 내가 보기에 조금 이상하고 어색해도, 그저 이쁘다고만 해주면 아내는 좋아했다. 지금도 아내가 미용실에 다녀온 날에는 내 입에서 예쁘다는 말이 쉴 새 없이 나온다. 그것이 나와 내 가정의 평화를 지키는 일임을 본능적으로 알기 때문이다.

　나이를 먹고, 이제 누군가를 내 여자로 만들 일이 전혀 없기 때문에 내가 하는 예쁘다는 말에는 영혼이 빠져 있다. 지인의 머리 모양이 바뀌었을 때, 나는 무뚝뚝한 목소리로 이렇게 말한다. "머리에 무슨 짓을 한 겁니까."

　안경을 바꿔 쓰고 나타났을 때, "어머! 대표님 안경 너무 잘 어울려요!" 누군가 아는 체를 해주면 기분이 좋아진다. 그의 말에 영혼이 빠져 있다 하더라도, 그래서 내 귀에는 "눈알에 무슨 짓을 한 겁니까"라고 들릴지라도. 나는 누군가의 칭찬이 듣기 좋은 것이다.

일전에 누군가 청바지를 입은 나를 보며 "대표님, 남자 다리가 왜 그렇게 가늘어요."라고 말했을 때, 내 다리에 뭐 보태준 거 있냐며 소리를 버럭 지를 뻔한 기억도 난다. 욕하는 것도 아니고, 나를 험담하는 것도 아니란 사실 뻔히 알면서도, 어쨌든 듣기 좋은 소리는 아니라서 졸렬하게 화가 났던 거다.

사람은 누구나 타인으로부터 '인정과 칭찬'받기를 원한다. 나도 그렇다. 문제는, 나이 오십 넘고 보니 무슨 칭찬을 어떻게 해야 할지 난감한 때가 많다는 점이다. 예전처럼 그냥 마구 예쁘다고 말했다간 상대가 혹시라도 오해할까 봐 염려되고, 그렇다고 매번 무뚝뚝하게 머리에 무슨 짓을 한 거냐고 묻기엔 경상도 남자 티 내는 것 같고. 때와 장소와 상황에 맞는 적절한 칭찬을 할 수 있다면, 상대와의 소통에도 내 이미지에도 큰 도움이 될 것 같은데.

칭찬이라고 해서 무조건 좋은 말만 해주면 되는 걸까. 누군가로부터 좋은 말을 들었을 때 기분이 좋긴 하지만, 돌아서 생각해 보면 그 말이 진심이 아니라 그냥 던진 말인 것 같아서 씁쓸할 때도 있다. 내가 너무 예민해서 그런지도 모르겠다고 생각하며 넘기긴 하는데, 그럴 때마다 진심 담은 칭찬이 어떤 것인가 궁리하게 된다.

멀리 해외에 사는 나이 지긋한 작가님 얘기를 들은 적 있다. 큰아들이 교통사고 당해서 생사를 오가며 중환자실에 누워 있는데, 침상 옆에 앉아 두 손을 모으고 감사 기도를 올렸다고 한다. 지금껏 내가 접했던 어떤 감사보다도 가슴에 와닿았다. 자식이 죽음을 눈앞에 두고 있는데 감사라니! 상식적으로는 도저히 이해되지 않았지만, 그 어르신은 진심을 담아 아들이 건강을 되찾은 데 대한 감사를 올렸던 거다. 다행히 그의 아들은 회복했다. 우연일 수도 있다. 그럼에도 믿고 싶다. 사람의 마음이 때로 기적을 일으키고, 누군가의 삶을 바꾸고, 꿈을 이루고, 힘들고 어려운 상황을 견딜 수 있다는 것. 어쩌면 칭찬이 정말로 고래를 춤추게 만드는 게 아닌가 기대하게 되는 것이다.

대단하다, 존경한다, 존중한다, 수도 없이 입바른 소리를 뱉은 이들이 한순간 등 돌리는 일 수없이 겪었다. 나는 그냥 나로 살아갈 뿐인데, 그런 내 모습을 보며 좋다고 난리를 치다가 순식간에 싫다고 험담하는 사람들. 그런 사람들 만날 때마다 힘이 쭈욱 빠지고 상처받기도 했었다. 지금은 다르다. 나를 좋아하든 싫어하든 그들의 마음일 뿐. 누군가로 하여금 나를 좋아하게 만들기 위해 애쓰지 않고, 나 싫다고 떠나는 사람 구걸하듯 붙잡지 않는다. 그들의 입에서 흘러나왔던 수많은 칭찬이 가식과 위선이었음을 알게 되었을 때, 나는 타인에게 조금이라도 마음을 담아 한 마디라도 진심을 전하고 싶다는 생각을 하게 된다.

얼마 전 내 몸집만 한 인형을 껴안고 강의한 적 있다. 마음 힘들고 괴로울 때, 그 인형을 엄마라고 상상하면서 품에 안겨 엉엉 울기도 한다고. 후기에는 그런 내 모습이 짠하고 자신도 부모 생각이 난다며 고맙다는 내용 줄줄이 올라왔다. 블로그에도 댓글이 달렸는데, 글쓰기/책 쓰기 기술적 측면보다 인형을 안고 있는 내 모습에 더 감명받았다는 내용이었다. 며칠 동안 마음이 따뜻했다. 수강생들 마음 힘들 때, 자기만의 기댈 무언가를 찾는 게 도움 된다는 내용을 강의했을 뿐인데. 생각보다 많은 이들이 인형 안은 내 모습을 인상적으로 본 모양이다. 그들의 본심이 느껴지는 글이야말로 나에게 최고의 칭찬이었다. 나도 진심 담아 강의해야겠다는 각오, 더 잘 살아야겠다는 다짐, 함께하는 이들의 삶에 도움 주어야겠다는 결심. 이런 마음을 제대로 다잡게 된다.

비난이나 구박이나 핀잔보다야 칭찬이 훨씬 낫다는 건 말할 나위 없다. 이왕이면 좋은 말 속에 좋은 마음까지 담으면 더 좋지 않겠는가. 형식적인 칭찬보다 진심 느껴지는 칭찬이야말로 사람을 움직이는 힘이 될 터다.

아내가 미용실에 다녀왔다. 이번에는 진심 좀 담아 보자 싶어 말을 건넸다. "이야! 오늘 어디서 머리 한 거야? 참한데? 동글동글 예쁘고 귀엽다. 당신 고등학생 같아!" 아내는 리모컨을 집어던졌다. 난, 여자들이, 동그랗다는 말을 싫어하는 줄, 정말로 몰랐다.

　　　　　　　　나이 오십은 얼마나 위대한가

힘들어하는 사람과 마주할 때

밝고 유쾌하고 긍정적인 사람과 함께 하고 싶다. 내 마음까지도 환해지기 때문이다. 어둡고 우울하고 부정적인 사람과 같이 있으면, 내가 가진 에너지 몽땅 빼앗기는 느낌이 든다. 이러한 이유로 발랄한 사람만 찾다 보면, 내가 찾은 그 사람도 나를 유심히 관찰한다. 나는 그가 밝다는 이유로 곁에 섰으니, 그도 나를 비슷한 부류의 인간인지 점검하는 게 당연하지 않겠는가. 결국, 밝고 유쾌하고 긍정적인 사람과 함께 하고 싶다면 자신이 먼저 밝고 유쾌하고 긍정적인 사람이 되어야 한다는 결론에 이른다.

문제는, 세상살이가 그리 만만하지 않다는 거다. 아무리 환하게 웃음 지으려 해도 고약한 사건과 상황과 토 나올 것 같은 말, 말, 말들이 잠시도 나를 그냥 두지 않는다. 이럴 땐 정말이지 모든 걸 때려치우고 그냥 어디 조용한 절에 들어가 버릴까 싶은 생각마저 든다. 세상에는 힘든 사람이 있다. 힘든 시간을 보내는 이가 있다. 이 글을 쓰는 지금도 어딘가에는 돌멩이를 삼킨 듯 답답한 가슴 안고 간신히 버티고 있는 사람 분명 있을 거다.

힘들어하는 사람은 어떻게 대해야 하는가. 힘내라고 큰 소리로 외쳐야 하는가. 두 손을 마주 잡고 안아주어야 하는가. 할 수 있다 자신감 북돋우며 동기부여 연설가처럼 근사한 조언을 건네야 하는가. 나도 힘들다며 같이 소주나 한잔 마시자 공감해야 하는가.

지금까지 내가 힘들 때마다 들었던 수많은 말 중에서 가장 큰 힘이 되었던 건 두 가지다. 첫 번째는 "언제까지 힘들기만 한 건 아닐 거야"라는 말이었고, 두 번째는 "언제든 전화해"라는 말이었다. 사업 실패하고 모든 걸 잃었을 때, 앞으로 계속 힘들기만 한 건 아닐 거란 친구의 말이 더 없는 위로가 되었다. 사람에게 상처받고 괴로워할 때, 언제든 전화하란 그 말이 내 곁을 꼬옥 지켜주겠다는 약속으로 들려서 눈물이 났다.

두 가지 말 들었던 순간을 가만히 돌아보면, 힘든 순간 가장 위로가 되고 사람을 견딜 수 있게 해주는 건 역시 누군가 내 이야기를 귀담아들어 줄 때인 것 같다. 힘들고 괴로울 땐 내 속마음을 털어놓고 싶어진다. 그럴 때는 어설픈 조언이나 무작정 힘내라는 말은 별 도움 되지 않는다. 나를 이해하고, 나와 똑같은 심정을 느껴 줄 만한 친구. 실컷 쏟아내고 나면 마음이 한결 가

나이 오십은 얼마나 위대한가

벼워진다. 힘들어하는 사람을 마주할 때 가장 중요한 것은 가만히 들어주는 태도이다.

    나는 태생적으로 문제 해결에 초점 맞추는 사람이다. 누가 무슨 말을 해도 "그 문제는 이렇게 해결하면 될 거야"라고 조언한다. 입장 바꿔 보면 참으로 재수 없는 말이다. 문제를 해결하는 것만이 능사가 아니다. 마음. 마음이 중요하다. 지금 어떤 마음 상태인가를 이해해 주는 것이 문제 해결보다 더 우선이다. 아들 어렸을 때, 퇴근해서 집에 오니 아내가 유치원에서 이런저런 문제가 있었다고 말했다. 그때 나는 잠시도 틈을 주지 않고 "유치원 옮기면 되지"라고 답했다. 아내가 나를 싫어하는 데에는 다 이유가 있다.

    책 집필하는 동안 여러 가지 문제에 부딪혔다며 하소연하는 수강생들에게 "그냥 쓰세요"라고 강조했다. 맞는 말이다. 초보 작가가 글을 쓰는 동안 만나게 되는 수많은 벽을 돌파하는 가장 좋은 방법은 무턱대고 쓰는 것이다. 그러나, 세상은 정답만으로 돌아가는 게 아니란 사실을 나는 알았어야 했다. 그냥 쓰는 게 가능했다면 왜 내게 물었겠는가. 정답보다 중요한 건 글 쓰는 게 힘들다는 그 사람의 마음을 헤아리는 것. 딱 부러지는 해결책만을 제시했던 내가 10년 가까이 글쓰기 코치로 일하고 있다는 게 신기할 따름이다. 아! 글 쓰는 데 왜 이리 반성할 게 많은가.

힘들 땐 눈물도 큰 도움이 된다. 오십 넘은 남자가 엉엉 소리 내어 우는 게 꼴불견인 것 같긴 하지만, 나는 실제로 마음 괴로울 때마다 큰 소리로 울면서 치유한 적 많다. 그래서, 힘든 사람 만나면 실컷 울어 보라는 말도 빠트리지 않는다. 눈물은 감정 치유의 효과가 있다. 기뻐도 눈물, 감동해도 눈물, 슬퍼도 눈물, 괴로워도 눈물. 남자는 세상에 태어나 딱 세 번 운다 하는데, 난 이미 서른 번도 더 울었으며 앞으로도 삼백 번은 더 울 예정이다. 쇼츠 영상에서 어린 아들 품에 안은 아빠 모습만 봐도 대성통곡을 할 지경이니, 이쯤 되면 치유가 아니라 호르몬의 전환이라 보는 게 마땅할지도. 나이 오십은 여성호르몬을 적극 수용해야 할 때이기도 하다.

주변에 힘들어하는 사람 있다면 이렇게 해 보는 게 좋겠다. 먼저, 당신 곁에 내가 있음을 잊지 않도록 알려준다. 다음으로, 그의 이야기를 귀 기울여 들어준다. 끝으로, 나이나 지위 따위 상관하지 말고 어떤 감정이든 마음껏 토해내도 괜찮다는 사실을 전해준다. 힘들어하는 이유는 이미 힘을 내기 힘들 정도로 지쳤다는 의미이고, 자신의 의지나 열정만으로 일어서기 벅찬 지경에 이르렀다는 의미가 아닐까. 그런 사람에게 힘을 내라거나 할 수 있다거나 너를 믿는다는 등의 말은 위로가 되기 힘들 것이다.

살다 보면 한 번씩 넘어질 때가 있다. 벌떡 일어서는 사람도

　　　　　　　　　나이 오십은 얼마나 위대한가

없지 않겠지만, 우리 잠시만이라도 그냥 넘어져 있자. 숨도 고르고 하늘도 쳐다보고. 얼마나 열심히 살아왔는가 스스로 인정도 좀 해주고. 그러다 보면 다시 일어설 힘이 생길 수도 있고, 곁에 같이 누워 있는 사람들 덕분에 나만 힘든 게 아니란 사실을 느낄 수도 있을 터다. 힘들지 않은 인생은 없다. 그럼에도 지금껏 잘 살아온 나를 인정해 주는 마음이 남은 삶을 위해서도 꼭 필요한 나를 위한 태도인 것이다.

아버지가 완벽하지 않다는 사실을 알았을 때

감옥에 있을 때. 무려 1년하고도 6개월 동안, 아버지는 내게 편지를 한 통도 쓰지 않으셨다. 거의 매일 편지를 썼던 아내, 그리고 한 달에 서너 번 서신을 보내셨던 어머니. 두 사람과는 달리 아버지는 나를 아예 잊은 듯했지만, 아버지의 침묵은 아내와 어머니의 편지보다 더 큰 힘이 되었다.

다시 집으로 돌아온 날, 아버지는 내게 딱 두 마디 하셨다. "고생 많았다"라는 말. 그리고, "앞길이 구만리다. 다시 시작해라"라는 말. 10년도 더 지났지만, 나는 이 두 마디를 잊지 못한다. 힘들고 아픈 일 많았지만, 아버지의 태산 같은 말씀 덕분에 나는 견딜 수 있었고 이겨낼 수 있었다. 아버지는 내게, 산과 같은 존재이다.

"이걸 이렇게 끼워 맞추면. 이렇게. 왜 안 되냐. 이렇게. 이렇

나이 오십은 얼마나 위대한가

게. 끄응."

이미 고장 나고 부서져서 안 된다고, 새로 사야 한다고, 그냥 버려야 한다고, 열 번쯤 말씀드린 것 같다. 등산용 지팡이를 껴안고 이리저리 끼워 맞추려 용을 쓰는 아버지께 "안 된다"라는 말씀을 정색하고 드렸다. 아버지는 내 말을 듣지 않으셨다. 누가 봐도 아예 부러져서 고칠 수 있는 상황이 아니란 걸 다 아는데, 아버지는 혼자서 끝내 고집을 부리셨다.

왜 저러실까. 노력해서 될 일이 아닌데. 내가 등산용 지팡이 고치기 싫어서 일부러 버리자고 말씀드린 것도 아닌데. 이미 내 손으로 충분히 만져 보고 나서 판단한 것인데. 그냥 그렇구나 하고 내버리고 새로 사면 될 일인데.

할아버지 제사를 며칠 앞두고 아내 왼쪽 발가락이 골절되었다. 병원에 가서 엑스레이를 찍고 깁스했다. 난생처음 깁스를 한 것도, 발가락이 부러졌다는 사실도, 상당한 통증을 애써 견디는 아내도, 모두 심란한 일이었다. 이번에는 제사를 지낼 만한 상황이 못 되니 그냥 넘어가자고 말씀드렸다. 아버지는 단호했다. "그래도 제사는 지내야지."

돌아가신 조상 모시는 일도 중요하겠지만, 살아 있는 며느리 발가락이 부러졌다는데 기어이 제사를 지내자고 하는 아버지가 못마땅했다. 등산용 지팡이 부러진 건 어떻게든 붙이려고 용을 쓰던 아버지는, 며느리 부러진 발가락에 대해서는 별 관심이 없는 듯했다.

재래시장 제사 음식 맞춤 전문점에다 돈을 주고 맡겼다. 그것이 아버지가 며느리를 위하는 최선이었다. 덕분에 할아버지 제사는 편하게(?) 지낼 수 있었다. 평생의 고집을 내려놓으셨다는 사실에 조금은 감사했지만, 이왕이면 속 시원하게 이번에는 그냥 지나가자 했더라면 더 좋았을 것을. 아쉬운 마음 감출 길 없었다.

제일 존경하는 사람 누구냐는 질문받을 때마다 1초의 망설임도 없이 아버지라고 답했다. 가난한 환경에서 자란 아버지는 돈을 벌기 위해 어쩔 수 없이 경찰이 되셨다. 한창 데모 심한 시절에 최루탄 가스 맡아가며 몸싸움하고 머리와 옷 다 뜯겨 집에 오셨다. 현관에서 전투화를 벗을 때, 피가 엉겨 붙어 발과 양말과 신발이 떨어지지 않았다. 새벽 2시에도 비상 걸렸다는 전화를 받으면 한숨을 내쉬며 옷을 갈아입고 나가셨다. 그때 아버지는 욕을 하셨다. "이놈의 새끼들은 잠도 없나!"
아버지의 고생과 일상 애환을 지켜보며 자란 나는 지금도 이유 불문 데모하는 사람들을 혐오한다. 그것이 나라와 민족을 위한 일이든, 누군가의 억울함을 해결하기 위한 일이든, 민주주의를 위한 일이든, 그 무엇이든 간에 내 아버지 생고생했던 기억 선명해서 다 싫은 것이다. 그런 나를 세상은 극우파라고 부른다.

산처럼 믿었던 아버지. 다 부서진 등산용 지팡이를 붙잡고 용쓰던 모습과 기어이 제사를 밀어붙이는 모습. 나는 이제야 내 아버지도 완벽한 존재가 아님을 조금씩 이해하게 되었다. 아버지도 사람이고, 아버지도 자식을 키우는 사람이고, 아버지도 가장이고, 아버지도 한없이 약한 존재임을, 나는 이제야 알아차리는 것이다.

단 한 번의 의심도 없이 산처럼 믿었던 아버지가 나와 똑같은 사람이며 약한 존재임을 인식하게 되었을 때, 무너질 줄 알았던 내 마음은 오히려 아버지를 이해하고 위하는 쪽으로 기울었다. 그래. 아버지도 나와 같은 존재였다. 그럼에도 가족과 당신의 인생을 지키기 위해 힘든 기색 한 번 비치지 않고 슈퍼맨처럼 살아 버텼기 때문에 내 눈에는 태산처럼 보였던 거다. 아버지가 대단한 존재라서가 아니라 온 힘을 다해 살아냈기 때문에, 나는 아버지를 여전히 존경하고 그 곁에 머무는 것이다.

이제 내 나이 오십이 넘었다. 아들도 성인이 되었고, 가정도 제법 꾸린 채 살아간다. 때로 허탈하고 공허해서 바람 한 점에 무너질 때도 있고, 이런 게 인생인가 회의를 느낄 때도 많고, 사람들에게 치여 그만 다 때려치우고 싶을 때도 적지 않다. 아들도 나를 누구 못지않은 든든한 존재로 믿고 있겠지. 매 순간 흔들리고 휘청이면서도 간신히 삶을 부여잡고 살아가는 유약한 존재인데도, 아들은 나를 세상 둘도 없는 강한 태산으로 믿고 있을 거다. 내가 아버지를 그리 여겼던 것처럼.

불만도 많고 불평도 적지 않았지만, 그 모든 못마땅한 태도는 내가 아버지를 너무 완벽한 존재로만 생각한 탓이다. 아버지도 나와 같은 인생을 살아가는 똑같은 사람이란 점을 조금이라도 알았더라면, 아버지 손이라도 한 번 잡아드릴 수 있지 않았을까. 모진 세월 혼자서 버텨 온 아버지. 어찌 그리 사셨나요. 이만큼 살아 보고서야 당신 심정을 이해할 수 있게 되었다. 미안합니다. 그리고, 사랑합니다.

3장

일

원망과 불평의 쓸모없음에 관하여

사업 실패하고 인생 무너졌을 때, 세상을 향한 원망과 타인에 대한 불평으로 꽤 오랜 시간 보냈다. 돈 많이 벌어 잘살아 보겠다고 애쓴 것이 뭐가 그리 잘못한 일인가. 설령 어느 정도 잘못했다 하더라도, 이렇게까지 무너질 만한 일인가. 원망은 쌓여 분노가 되었고, 불평은 모여 증오가 되었다.

성격 자체가 달라졌다. 술만 마시면 시비가 붙었고, 주정뱅이는 매일 밤 욕설과 고함을 뱉었다. 처음에는 나를 위로하고 응원해 주던 사람들도 하나둘 곁을 떠나기 시작했다. 나는 철저히 혼자가 되었고, 그럴수록 세상과 타인을 향한 원망과 불평은 커져만 갔다.

법정에서 구속되어 감옥에 갔을 때, 죗값을 치르고 다시 새로운 인생 만들어야겠다고 다짐했었다. 시간이 지날수록 원망과 불평이 커져서, 반성은커녕 복수심만 불타올랐다. 두고 봐라.

절대로 이렇게 끝나지 않는다. 반드시 성공해서 이 모멸과 수치를 되돌려주고야 말 테다. 얼핏 보면 다시 일어설 동력으로 제법 괜찮은 태도인 듯 보이지만, 실제로는 달랐다. 마음속에 원망과 불평이 가득 차 있으니 매 순간 불안하고 초조했다. 마음이 불편하고 불안정하니까 아무 일도 손에 잡히지 않았다. 심지어 밥도 삼키기 힘들었고 잠도 제대로 잘 수가 없었다. 원망과 불평은 나를 점점 불행하게 만들었다.

세상으로 다시 돌아와 글을 쓰고 책을 출간했다. 〈자이언트 북 컨설팅〉이라는 일인기업을 설립하고, 전국 수많은 수강생을 모집하여 강의를 시작했다. 새로운 삶을 시작했다는 기대와 설렘도 잠시, 나와 내 강의에 만족하지 못하겠다는 사람들의 불만이 터져 나왔다. 온 힘을 다해 정성껏 강의하는데, 열심히 배울 생각은 하지 않고 계속 불만만 터트리고 있으니 내 마음도 좋을 리 없었다. 간신히 눌러두었던 세상과 타인을 향한 원망과 불평이 다시 고개를 들기 시작했다.
"배우기 싫으면 때려치우면 될 것 아니야!"
"내 방식이 마음에 안 들면 딴 데 가서 배워!"
혼자 화장실에서 거울을 보며 소리를 질렀다. 감옥에 있을 때부터 쌓이고 쌓인 원망과 불평과 분노와 증오가 한꺼번에 폭발해서 잠시도 차분히 있을 수가 없었다. 좋은 의미로 건의하는 수강생들까지 못마땅하게 여기게 되었고, 그렇게 불안정한 상

나이 오십은 얼마나 위대한가

태로 지내는 나를 안쓰럽게 지켜보는 식구들에게도 나를 못 믿는 거냐며 분풀이했었다.

10년 지났다. 그동안 내 사업은 승승장구했으며, 다행히도 큰 문제 없이 우상향 곡선을 가파르게 그을 수 있었다. 여기까지 오는 동안 내가 가장 잘했다고 여기는 한 가지는, 어떤 경우에도 원망과 불평을 삼가거나 줄여 보자는 시도였다. 이유는 여러 가지다. 첫째, 우선 내 마음이 편치 않으니 무슨 일을 해도 집중할 수가 없었다. 둘째, 원망과 불평은 나와 내 인생에 아무런 도움이 되지 않았다. 뭔가 하나라도 좋은 점이 있었더라면 생각을 다르게 했을지도 모른다. 셋째, 원망과 불평은 세상과 인생을 삐딱하게 보는 습성을 만든다. 좋은 일도 나쁘게 보게 되니 사는 게 하나도 재미없었다. 넷째, 원망과 불평을 그냥 두면 시간이 흐를수록 점점 커진다는 문제가 있었다. 사그라들고 줄어드는 법이 없었다. 다섯째, 나를 멀리하는 사람이 많아져서 인간관계를 제대로 맺기 힘들었다. 툭하면 원망하고 불평하는 사람을 누가 좋아하겠는가. 사업이고 뭐고 아무것도 성과 낼 수가 없었다.

이러한 이유로 나는, 필사적으로 원망과 불평을 줄이거나 없애기 위해 노력했던 거다. 누군가를 원망하는 마음이 올라올 때마다 고개를 세차게 흔들며 "다 좋다! 다 좋다!" 큰 소리로 외쳤다. 상황이든 사람이든 불평 생기려고 할 때마다 "다 괜찮다! 다 괜찮다!" 미친 사람처럼 소리 질렀다. 마음에서 생겨나는 감정이 말과 행동으로 이어지기도 하지만, 말과 행동이 감정을 바꾸기도 한다. 다 좋다! 다 괜찮다! 매 순간 큰 소리로 외치면서 하루하루 보냈더니, 어느 순간 정말로 다 좋고 다 괜찮은 것처럼 느껴지기 시작했다.

부정적인 성향의 사람들이 이 책을 읽을 리 없겠지만, 그래도 혹시 실수로라도 이 책을 펼쳤다면, 꼭 전해주고 싶은 말이 있다. 세상과 타인에게 아무것도 기대하지 마라! 세상은 내게 뭘 주겠다고 약속한 적이 없다. 다른 사람들이 나를 잘 대해주어야 할 의무도 없다. 자신이 세상과 타인에게 해 준 만큼 돌려받는 게 정당하다고 착각하는 사람 많은데, 아무도 우리에게 세상과 타인에게 뭘 해 주라고 강요한 적 없다. 좋아서 해 준 거면 그걸로 끝내야 한다. 기대도 하지 말고 보상도 바라지 말라는 소리다. 그래야 원망과 불평 줄이거나 없앨 수 있다.

대신, 혹시라도 따뜻한 손 내밀어주는 세상이나 타인을 만나게 된다면, 그때는 넙죽 절하며 진심으로 그의 손을 마주 잡아야 한다. 차갑고 냉정한 세상에서 드물게 만나게 되는 귀한 인연이기 때문이다.

원망과 불평은 인생을 불행하게 만든다. 일에 집중할 수 없게 만든다. 나이 오십쯤 되면 지나간 시간 돌이켜 보는 때가 잦다. 그럴 때마다 억울하고 분하고 원통했던 순간들이 머릿속을 스쳐 지난다. 매 순간 그런 감정에 매몰되면, 주어진 오늘과 해야 할 일들에 몰입할 수가 없다. 일도 망치고 인생도 망친다.

세상과 타인을 용서하고 사랑하라는 말은 차마 할 수가 없겠다. 다만, 누군가 혹은 무언가를 향한 원망과 불평이 자신을 망친다는 건 분명한 사실이니까, 스스로 위해서라도 부정적인 감정을 추슬러 보자는 이야기다. 나를 위해서, 내 인생을 위해서. 원망한다고 달라질 것도 없고, 불평한다고 바뀔 것도 없다. 기꺼운 마음으로 오늘을 누리고, 주어진 일에 최선을 다하는 태도가 나이 오십을 더 빛나게 한다는 사실, 잊지 말았으면 좋겠다.

목적지만 바라보기

대구에서 출발해 서울역까지 가려 한다. 갑자기 비가 쏟아진다. 길이 막힌다. 고속도로에 사고가 났다. 기름도 다 떨어져 간다. 차에서 이상한 소리가 나기 시작한다. 비가 눈으로 바뀌어 도로가 빙판이 되었다. 해가 저문다. 퇴근 시간과 맞물려 길은 점점 더 막힌다. 대구에서 서울역까지 가는 길. 온갖 일이 다 생긴다. 나는 아무 잘못한 게 없다. 세상이 나를 서울역까지 가지 못하도록 막는다.

인생이 이렇다. 무슨 일을 하려고만 하면 별일이 다 생긴다. 어떤 사람들은 그 모든 방해물을 극복해야 할 대상으로 여기고, 또 다른 사람들은 그 일을 하지 못할 수밖에 없는 이유와 핑계로 삼는다. 아무 일도 일어나지 않고, 그저 꽃길만 쭈욱 펼쳐진다면 얼마나 좋을까. 지난 반세기 인생 돌아보며 아무리 찾아도, 평탄한 길만 이어진 적은 한 번도 없었다.

나이 오십은 얼마나 위대한가

감옥에 있을 때, 작가와 강연가가 되기로 결심했다. 어떻게 해야 작가가 될 수 있는지, 어떻게 해야 강연가가 될 수 있는지, 나는 알지 못했다. 이미 작가와 강연가가 되어 매일 글을 쓰고 무대 위에 서서 강연하는 내 모습을 선명하게 그릴 뿐이었다. '서울역'이라는 목적지만 명확하면, 무슨 수를 써서라도 거기까지 가게 된다. 갈 수 있다. 문제는, 그 목적지를 향한 열망의 정도이다. 가도 그만이고 안 가도 그만인 곳을 향해 치열하게 나아가는 사람은 없다. 부자가 되고 싶다는 사람은 많지만, 현재의 삶에 별 아쉬움 느끼지 못하는 사람은 간절한 사람에 비해 노력 덜 하게 마련이다.

중요한 것은 방법이 아니라 목적지다. 어디로 갈 것인가. 어디까지 가려 하는가. 왜 가려 하는가. 얼마나 절실하고 절박한가. 이루고자 하는 바를 명확히 정하고, 그 꿈과 목표를 향한 열정을 점검해야 한다. 온라인 시대이고 SNS 시대이며 유튜브 세상이다. '방법'은 이미 다 나와 있다. 지금은 방법 몰라서 못 하는 세상이 아니라는 말이다.

글을 잘 쓰고 싶다, 책을 내고 싶다 등의 이유로 나를 찾는 사람 많다. 그들은 내게 방법을 배우려 한다. 글 쓰는 방법이나 책 쓰는 방법이 중요하지 않다는 말이 아니다. 그런 건 얼마든지 가르쳐 줄 수 있고 배울 수 있다. 문제는, 그들이 왜 책을 내려고 하는가에 대해 생각해 본 적이 없다는 사실이다. 남들 다 내니까 나도 책이나 한 권 출간해 볼까. 이런 생각으로 시작하면 중도에 멈추고 포기할 확률 높다. 남들 보기에 그 목적이라는 게 다소 유치하고 우스꽝스럽게 보인다고 할지라도, 자신에게 꼭 필요하고 절박한 이유라면 충분하다. 어디로 갈지도 모른채 차를 모는 것보다는, 사탕 하나 사 먹기 위해 서울역에 가야만 한다는 절실한 이유가 인생에서는 훨씬 유익하다.

스무 살 시절에는 친구들과 어울려 놀기에 바빴다. 인생은 기니까 앞으로 어떻게든 될 거라 믿었다. 서른에는 취직해서 일하느라 정신없었다. 열심히 일하다 보면 정상에 오르는 날 있겠지 싶었다. 마흔에는 실패의 아픔으로 삶을 잃었다. 열심히 살아온 결과가 이거라면 차라리 죽는 게 낫겠다고 생각했다. 그리고 이제 쉰. 바람 따라 구름 따라 정처 없이 사는 대로 살아가는 인생을 멈추기로 했다. 목적지를 정하고, 그곳을 향해 남은 힘을 쥐어짜 보기로. 가끔은 내 안에 아직도 뜨거운 피가 흐르고 있다는 걸 느낀다. 은근히 기분 좋다. 그래. 아직은 힘을 낼 수가 있다. 그러니, 분명한 목표와 목적을 정하고 다시 도전을 시작해본다.

무슨 일이든 그냥 막 시도하는 것과 명확한 목적이나 목표를 정하고 시작하는 것은 전혀 다른 결과를 낳는다. 첫째, 같은 노력도 목적 분명하면 힘이 덜 든다. 둘째, 목표 달성도 덕분에 작은 성취감을 느낄 수 있다. 셋째, 방법이나 요령에 연연하지 않는다. 넷째, 힘들고 어려운 순간 만나도 좌절하거나 포기하지 않는다. 다섯째, 한 번 성공하고 나면 또 다른 도전에 자신감 생긴다. 목적이 없거나 불분명하면 성공이나 성취의 개념도 적용할 수 없다. 무엇을 위해 하루하루 노력하고 있는지 모르는 사람은 공허와 회의에 빠지기 쉽다.

젊은 시절에는 사는 게 바빠서 그랬다 치자. 나이 오십은 자기 인생에 책임을 져야 할 때다. 나는 결코 오십을 중년이나 늦은 나이로 생각지 않는다. 가야 할 길 멀고, 정신력과 체력도 충분하다. 만약 누군가 '이제 늦었다'라고 생각한다면, 지금 당장 꼭 이루고 싶은 인생 목표 다섯 개를 적어보라고 권하고 싶다. 종이에 적는 대수롭지 않은 행위를 통해 심장이 뜨겁게 불타오르고, 한번 해 볼 만하다 싶은 충동마저 느끼게 될 것이다.

어떠한 이유로든 목적지에 닿지 못했다고 가정해 보자. 그럴 때도 절망하거나 좌절할 필요 전혀 없다. 목적지를 향해 치열하게 달려오는 과정에서 이미 이전과는 다른 성장과 발전을 이뤘을 테니. 또 다른 도전과 모험 얼마든지 시도할 만한 능력을 갖추게 된 셈이다.

오십은 위대하다. 인생 절반을 살아오는 동안 수많은 경험을 했고, 배웠고, 깨달았다. 삶의 지혜와 세상 보는 눈을 가지고 남은 인생을 만들어간다. 마흔은 지혜가 부족하고, 예순은 체력이 달린다. 오십이 최고다. 이 위대한 나이를 허무하게 지나치면 이제 더 이상 삶을 조각할 기회나 힘은 없다. 잠시 멈추고, 숨을 고르고, 자신을 돌아볼 때다. 아울러, 마지막 기회라 여기고 인생 목적지를 정해 보아야 한다. 자신에게 모든 능력이 갖춰져 있다고 가정한다면, 어디까지 가고 싶은가. '안 될 것 같다'라는 생각 따위 집어치우고, 한 번뿐인 인생에 주어지는 마지막 기회라 여겨야 한다. 누가 무슨 말을 해도, 주변 환경이나 상황이 어떠하든, 이제는 오직 자신의 인생을 위해 살아야 할 때다. 나이 오십은 얼마나 위대한가.

더 좋은 길이 열린다

    학창 시절, 그리고 젊었을 적에는 눈앞에 닥친 문제를 즉시 해결하지 못하면 몸살이 날 지경이었다. 근심 걱정을 마음속에 품고 있는 것 자체를 견디지 못했다. 늘 초조하고 불안했으며, 마음도 조급했다.

    면접에 합격하고 구미로 발령받았다. 집은 대구에 있는데, 매일 아침 8시까지 구미로 출근하려면 늦어도 새벽 5시에는 일어나야 한다. 씻고 옷 입고 차 몰고 출발해서 출근 시간 도로 막히는 것까지 고려하면, 8시 도착 빠듯했다. 새벽 5시 기상이라니! 당시에는 토요일도 근무했었기 때문에, 매주 엿새 동안 고3으로 돌아가야 한다는 얘기였다.

    신입사원이 회사 사장 만나 따질 수도 없는 노릇이고, 인사팀에서는 달리 방법 없으니 그냥 수긍하라고만 했다. 하루이틀도 아니고 매일 새벽 5시에 일어나 출근해야 한다니 눈앞이 캄캄

했다. 더 충격적이었던 사실은, 매일 퇴근 시간이 거의 밤 10시쯤 된다는 사실이었다. 4년제 대학 졸업하고 취업 준비 빡세게 해서 간신히 대기업에 입사했다. 좋다고 방방 뛰었고, 아버지와 어머니도 기뻐하셨다. 주변 사람들은 다 부러워했는데, 나 혼자만 죽을 지경이었다.

어차피 내 힘으로 바꿀 수 없는 상황. 입 다물고 일 열심히 했다. 석 달 만에 선배들로부터 인정받았고, 그 소문이 본사에까지 흘러 들어갔다. 전국 각지에서 일하는 우리 동기 중에서 그래도 일 제법 한다는 친구들 명단에 나도 포함되었다. 인정받는다는 것은 기분 좋은 일이다. 더 열심히 일했고, 회사 업무도 선배들 못지않게 익혔다.

새벽에 일어나 고속도로를 달려 출근하는 일도 익숙해졌다. 회식 있는 날에는 근처 여관 잡고 하룻밤 묵는 요령도 부렸다. 학생, 군인을 거쳐 어엿한 직장인으로 자리 잡았다.

토요일 오후 4시쯤 집에 가면, 일요일 밤까지 유일한 휴식 시간이었다. 지금의 아내와 연애하던 시절이라 일요일에는 영화도 보고 외식도 했다. 새벽 기상과 늦은 퇴근에 대해 자주 불평한 탓에, 아내도 내 사정을 잘 알고 비위를 맞춰 주었다. 무슨 회사가 그렇게 사람을 쥐 잡듯이 잡느냐고. 내 편을 들어주는 사람이 있다는 건 기분 좋은 일이었다.

나이 오십은 얼마나 위대한가

일 년쯤 지났을 때, 본사 〈인사 지원실〉로 발령받았다. 사장실 바로 옆에 붙어 있는, 그야말로 권력과 명예가 밀집된 부서였다. 지방 지점에 근무하던, 그것도 입사 일 년 된 신입사원이 인사 지원실이라니!

옷가지와 짐을 싸서 회사가 운영하는 숙소로 이사했다. '넥타이 부대'라 일컬어지는 회사원들 사이에 내가 있었다. 친구들은 출세했다며 나를 치켜세웠고, 부모님도 흐뭇해했으며, 나 자신도 뿌듯하고 만족스러웠다.

집에서 멀리 떨어진 지점으로 발령받은 상황은 내 힘으로 어쩌지 못하는 일이었다. 통제 불가한 일에 매달려 끙끙대는 태도는 비효율적인 소모이다. 내가 할 수 있는 일에 집중하고 몰입하는 것. 이런 자세가 삶을 슬기롭게 이끌어가는 기술이다. 그때 깨달았다. 인생에는 항상 "더 좋은 길이 열린다"는 사실을.

대학 입시에 떨어진 후 낙심하다가 재수했는데, 이듬해에 시험 제도가 '수학능력평가'로 바뀌었다. 100퍼센트 객관식! 학력고사로는 엄두조차 내지 못했던 대학과 전공과목에 수능 덕분에 당당히 입학할 수 있었다. 집에서 멀리 떨어진 지점으로 새벽 출근하며 고생했지만, 본사에서 가장 입김 센 부서로 차출될 수 있었다. 사업 실패로 모든 것을 잃었다며 스스로 목숨까지 끊으려 했으나, 이후 주어진 삶을 인정하고 받아들여 노력한 끝에 설명하기조차 벅찬 지금의 삶을 만날 수 있었다.

힘들고 어렵다며 상담을 청해오는 이들에게 한결같이 "반드시 좋은 날 온다!"라는 말을 전하고 있다. 고난에 처했을 때, 사람은 누구나 좌절하고 절망하게 된다. 하지만, 그 순간이 끝이 아님을 잊지 말아야 한다. 신이 우리에게 시련을 주는 이유는, 더 단단하고 넓은 그릇으로 키우기 위함인 것이지 괴롭히고 골탕 먹이려는 의도가 아니다.

힘든 시기에 이런 말 들으면 귀에 잘 들어오지도 않을 터다. 나도 그 기분 잘 안다. 적어도 이 책을 읽고 있는 사람이라면 아직은 희망을 버리지 않고 있을 테니 지금이라도 현재 상황을 인정하고 주어진 일에 집중하고 몰입하길 응원해 주고 싶다. 사업 실패 후 상당한 채무를 지고 도저히 앞이 보이지 않는다며 상담을 청해온 사람 있었다. 얼마나 처참한 심정일지 누구보다 잘 이해할 수 있었다. 그럼에도 냉철해져야 한다. 서글프고 외로운 감정에만 파묻히면 삶을 다시 일으켜 세울 수 없다. "제가 한 가지는 분명히 말씀드릴 수 있습니다. 당신의 인생은 반드시 좋아질 겁니다. 그날을 위해서 오늘 할 일에만 집중하세요." 걱정하고 눈물 흘린다고 해서 해결될 일은 하나도 없다. 세상에는 나보다 훨씬 크게 심각하게 무너진 사람 널렸다. 고난의 크기가 삶의 다음 장을 더 화려하게 만들어준다는 사실을 기억해야 한다.

일이 뜻대로 풀리지 않는 데에는 세 가지 이유가 있다. 첫째,

나이 오십은 얼마나 위대한가

그 일이 내게 상당한 위험인 경우이다. 둘째, 아직은 때가 아니라는 신호이다. 셋째, 더 나은 길이 열린다는 암시이다. 이렇게 세 가지 경우를 생각하면, 눈앞에 닥친 문제나 어려움을 부풀리지 않을 수 있다. 힘든 시간은 반드시 지나간다. 절망의 늪에서 스스로 못살게 굴지 말고, 이제 의연하게 일어나 오늘을 살아내길. 무슨 일이 있어도 자기 삶은 지켜내야 한다.

일이 잘 풀리지 않아도 평온할 수 있다

기대했던 만큼 성과가 나오지 않으면 괴로웠다. 상사 또는 주변 사람들로부터 인정과 칭찬받지 못하면 우울했다. 목표를 정하고 나아가는 과정에서 벽을 만날 때마다 절망하고 좌절했다. 그러니까 나는, 일을 할 때마다 불행한 적이 훨씬 많았던 거다. 돈 많이 벌고 성공하고 싶다는 야망을 품고 살았는데, 자꾸만 걸리적거리는 방해물이 나타나 나를 힘들게 했다. 돌파구가 필요했다.

문제를 어떻게 해결할 것인가에 빠져 그 외에는 아무것도 생각지 못했었다. 내게는 가족도 있고 친구도 있고 먹고 살 만큼 돈도 있었는데, 이미 충분히 주어진 것들에 대해서는 감사나 만족 따위 전혀 느끼지 못했고, 매 순간 더 많이 더 높이 외치며 조급하고 불안한 인생을 살았다.

사업 실패 후 감옥에 가게 되었을 때, 내 인생은 끝장났고 세상은 그대로 멈추는 줄로만 알았다. 전혀 아니었다. 난 여전히 하루 세끼를 챙겨 먹었고, 세상은 나를 빼고도 잘만 돌아갔다. 내가 일을 제대로 하지 못하면 무슨 큰일이 날 줄 알고 반평생을 조마조마하게 살았는데, 감옥에 가고 나서야 "그저 평온해도 된다"는 사실을 깨달을 수 있었던 거다.

지금도 내 눈앞에는 여러 가지 과제와 임무가 펼쳐져 있다. 이왕이면 완벽하게 처리하고 싶고, 그래서 내가 이루는 성과가 다른 사람들에게 도움이 되며, 도움받은 이들이 내게 열광하면 좋겠다고 생각한다. 그러나, 생각은 어디까지나 생각일 뿐. 바람직한 삶이란 결과에 상관없이 모든 순간에 집중하고 만족하며 감사하는 태도로 임하는 것. 다행히 일이 잘 풀리면 실컷 기뻐하고 즐길 수 있고, 아쉽게도 기대만큼 결과가 좋지 않다면 부족하고 모자란 점 찾아 보완하고 다음을 기약하면 된다. 중요한 것은 얼마만큼 성과를 잘 냈느냐 하는 것이 아니라, 그 일을 하는 동안 충분히 행복했는가 하는 점이다.

행복과 감사의 공통점은 "조건이 없다"는 거다. 무엇을 해야 행복하고, 어떤 상황이어야 감사한 게 아니라 그저 모든 순간에 행복하고 감사할 수 있다는 사실을 알아차려야 한다. 대학에 들어가야만 행복한 줄 알았고, 취업에 성공해야만 행복한 줄 알았고, 결혼해서 아이 낳고 가정 꾸려야만 행복한 줄 알았고, 돈 많이 벌어야 행복한 줄 알았고, 사업 성공해서 아쉬울 것 없이 살아야만 행복한 줄 알았다. 그래야 오직 진심으로 감사할 수 있을 거라 믿었다.

이러한 이유로 나는, 행복도 감사도 저 멀리 '언젠가'에 두고 돈과 성공을 향해 질주했던 것이다. 신은 이러한 나에게 따끔한 일침을 내려 주었다. 사업은 실패했고, 가진 것은 모두 잃었으며, 전과자 파산자가 되어 막노동판 전전하면서 일당 받아 다섯 식구 간신히 먹고 살게 되었다.

벽돌 나르고 모래 치우고 썩은 돼지 시체를 치우면서 하루 일당 9만 원을 받았다. 내가 꿈꾸었던 세상은 사라지고, 흙과 시멘트 먼지 뒤집어쓴 거지꼴의 나만 남겨졌다. 기가 차고 어이가 없었다. 그런데, 한 가지 특이한 점은, 일 마치고 집에 와 가족과 함께 시간을 보낼 때 참 많이도 웃었다는 사실이다. 일할 수 있다는 사실에 감사했고, 가족과 함께 할 수 있다는 사실에 행복했다. 그토록 바라던 행복과 감사를 인생 바닥에서 느낄 수 있다니. 행복과 감사는 재산이나 성공과는 아무런 상관도 없는 거였다.

글을 쓰면 행복할 수 있냐고 묻는 사람 많다. 책을 내면 성공할 수 있냐고 질문하는 이도 적지 않다. 옳고 그름을 떠나 내 경험을 전해준다. 글을 쓰면 행복한 게 아니라, 행복한 상태로 글을 쓰는 거라고. 책을 내면 성공하는 게 아니라, 이미 성공한 사람의 마음으로 책을 쓰는 거라고. 행복과 성공의 기준은 오직 자신에게 달렸다. 다른 사람이 뭐라고 하든, 세상이 어떤 틀을 제시하든, 철저히 무시하고 자기만의 길을 가야 한다. 지금 행복하지 못할 이유가 무엇인가. 자신이 이미 성공한 사람이라고 정의하지 못할 이유는 또 무엇인가. 겸손과 예절은 제사 지낼 때나 쓰고, 지금은 뻔뻔스러울 정도로 행복과 성공을 만끽해야 한다. 조건 없는 행복과 성공의 정의가 조건 없는 감사를 불러들여 더 행복한 성공을 이루는 선순환을 지속할 수 있다.

'행복한 상태', '성공한 상태'라는 말은 대단히 중요하다. 많은 사람이 '결핍의 상태'에서 더 나은 삶으로 나아가려 노력한다. 그런 과정에서는 스스로 부족하고 못마땅하다는 무의식을 지울 수 없기 때문에 애쓰는 만큼 성과 내기 힘들다. 오히려 점점 힘들고 어렵고 모자란 상태로 빠져들기 십상이다. '결핍의 상태'로 살면 '결핍의 상태'를 계속 끌어당길 수밖에 없다.

행복과 성공, 두 단어와 관련 있는 모든 기쁨과 축복을 온전히 누리기 위해서는 아무 조건 없이 지금 당장 행복하고 이미 성공한 상태의 자신을 선명하게 느낄 수 있어야 한다. 인생 법칙과 진리를 모른 채 반평생 죽자고 일만 했으니 결국 모든 걸 잃고 말았던 거다.

나이 오십쯤 되면, 회사에서는 어느 정도 지위에 올랐을 테고 다른 분야에서도 제법 경험을 쌓았을 터다. 잠시 멈추고 삶을 돌아보아야 한다. 아직도 눈가리개를 차고 앞만 보며 질주하는 사람 있다면, 자신이 무엇을 좇고 있는지 짚어 보아야 할 때다. 잡히지도 않는 허영과 환상을 향해 남은 인생 쏟아부을 것인가. 아니면, 지금 당장 행복하고 성공해서 기쁨과 축복 속에 일할 것인가. 일이 잘 풀리지 않아도, 성과와 관계없이, 행복할 수 있다.

당신은 누구인가, 당신은 무엇을 하는가

나는 누구인가.

철학적이면서도 심오한 이 질문에 빠져 살았던 적 있다. 돈만 많이 벌면 된다는 생각으로 미친 듯이 질주하다가 모든 걸 잃고 추락했었다. 그때 불쑥 이 질문이 내게 왔다. 이름이 수번으로 바뀌고, 직업도 가족도 아무것도 없이, 홀로 독방에 갇혔을 때. 내가 누구인지 아무 생각도 떠오르지 않아 고통스러웠다. 사고로 기억을 잃으면 이런 느낌일까. 식구통으로 들어오는 세끼 꾸역꾸역 먹으면서 짐승이나 다름없구나 생각했었다.

책이 있어 견딜 수 있었다. 글 쓸 수 있어 다행이었다. 짐승이 아닌 존재로 하루하루 보낼 수 있다는 증거였다. 더 지독하게 읽고 썼다. 나는 누구인가. 나는 읽고 쓰는 존재이다.

"나는 누구인가"라는 질문은 더 이상 내게 아무런 의미가 없었다. 정작 중요한 건 "나는 무엇을 하는가"라는 물음이었다. 존재 가치는 겉모습도 아니고 지위도 아니고 재물도 아니다. 사람의 가치는 그 사람이 무엇을 하는가에 달려 있다. 매일 생산적인 일을 하고, 타인을 위한 무언가를 만들고, 자신이 하는 일에 의미와 가치를 부여하면, 내가 있는 곳이 감옥인들 아무런 상관이 없는 거였다. 이것이 내가 사업 실패부터 시작해 옥살이까지 하는 모든 시간을 통해 배우고 깨달은 가장 큰 진실이었다.

이후로 나는, 모든 순간에 내가 하는 생각과 말과 행위의 가치에 대해 생각하게 되었다. 아무런 의미가 없거나, 혹여라도 다른 사람에게 상처와 아픔을 줄 수도 있겠다 판단 되면 즉시 멈추거나 달리했다. 매일 밤 잠자리에 들기 전, 나는 오늘 무엇을 했는지 스스로 질문했다. 매일 아침 잠에서 깨면 나는 오늘 무엇을 할 것인가 생각했다. 반평생 살면서 책 한 권 읽지 않았고, 오직 나의 이익만을 생각하며 살아왔기 때문에 생각도 짧고 철학도 부족했다. 스스로 질문 던지고 답하는 과정이 곤혹스러울 지경이었으며, 때로 내가 지금 뭘 하는 건가 의문스럽기도 했다. 어쩌면 잠시 정신이 나가서 헛짓을 하고 있는 건 아닌가 싶기까지 했다.

나는 무엇을 하는가. 이 질문은 강렬하고 직접적이며 단호하고 날카롭다. 아무리 멋진 말로 꾸미고 돌려도 이 질문은 피해 갈 수 없다. 책을 백 권 읽었다고? 그래서 뭘 하는가? 10년 동

나이 오십은 얼마나 위대한가

안 미라클 모닝 실천했다고? 그래서 뭘 하는가? 책을 열 권 썼다고? 그래서 뭘 하는가? 당신은 오늘, 지금 무엇을 했고 무엇을 하고 있는가? 사람의 정체성은 하루 동안 무슨 일을 하는가에 따라 결정된다. 오늘 여러 가지 고민을 많이 했다고? 그럼 결국 아무것도 하지 않았다는 말 아닌가. 행위에 초점 맞춘 이 질문이야말로 삶의 질을 평가하는 최고의 도구이다.

사람들은 자신의 걱정, 근심, 스트레스, 고민 등을 이야기한다. 다른 사람 험담, 비교, 가십거리를 말한다. 생각, 의견, 주장 등을 내세운다. 자신이 무엇을 하고 있는가에 대해 깊이 있게 표현하지 않는다. 그런 사람 잘 없다. 무엇을 하고 있는가를 보면 다른 설명은 죄다 구차해진다. 만약 누군가 종일 나무를 다듬어 조각 작품을 만들었다고 치자. 이 단순한 사실 하나만으로 여러 가지 정보를 알 수 있다. 끈기, 인내, 기술, 재주, 아이디어 등을 고루 갖춘 사람일 가능성이 높다. 물론, 단순한 예시라서 설명 부족한 줄 안다. 한 마디로, 그 사람이 무엇을 하는가 보면, 그가 어떤 사람인가 추측할 수 있다는 얘기다.

말뿐인 사람을 지겹도록 보았다. 말을 우습게 여기고, 말로 한 약속을 아무런 죄책감 없이 깨부수는 사람 부지기수다. "무엇을 하는가" 행위와 실천에 초점 맞추는 사람이 될수록 자신과 타인 책임감 있게 대할 확률이 높다. 말뿐인 사람 많이 보면서, 그럼 나는 어떤 존재인가 살피곤 했다. 자신 없었다. 나도 실행보다 말을 더 많이 하면서 살았다. 이제는 달라져야 한다. 말은 공허하다. 말은 믿을 수 없다. 말은 가볍다. 오직 행위여야 한다. 누군가를 따르려면 행동을 보아야 한다. 누군가를 믿으려면 행위를 보아야 한다. 누군가로부터 배우려면 그 사람의 행동을 살펴야 한다. 말 대신 행동하는 사람 있다면, 그런 사람을 곁에 두는 것이 큰 재산 될 것이다.

나이 오십은 얼마나 위대한가

무슨 일이 있었는가, 그 일을 어떻게 해석하는가

　대학 입시에 떨어졌다. 친구들은 다 합격했다. 그때는 자존심도 좌절감도 없었다. 불합격 발표 나는 날, 나는 당구장에 있었다. 아무 생각도 없었던 시절. 지금 생각해 보면 머리라도 한 대 쥐어박고 싶은 심정이다.

　그해 2월에 재수 학원 등록했다. 비로소 현실을 깨달았다. 다른 친구들은 인생 최고의 나날을 보내고 있었다. 나는 다시 무거운 가방을 들고 새벽에 집을 나서야 했다. 친구들과 나 자신을 비교하면서 내가 얼마나 못났고 게으르고 머리 나쁘고 불운한 인간인지 매 순간 곱씹었다. 자기 비하, 자기 학대가 일상이었다. 이 악물고 공부하면서 두고 보라 각오를 다지는 게 마땅한데, 나는 그저 내가 형편없는 존재란 사실에만 몰두하면서 불행한 시간을 보냈다.

직장생활 잘하다가 돈 욕심에 사직서 내고 사업 시작했다. 아무런 준비도 계획도 없이 무작정 돈 많이 벌겠다는 욕심만 앞세웠다. 당연히 실패할 수밖에. 순식간에 무너진 나는 한동안 정신을 차릴 수가 없었다. 원인을 파악하고 다시 일어설 준비 해야 했는데, 나는 매일 좌절만 하면서 술만 퍼마셨다. 왜 멀쩡한 회사를 때려치웠을까, 왜 무모한 사업을 벌였을까, 왜 무식하게 큰돈을 빌렸을까. 이미 지나간 일에 매달려 스스로 못난 결정과 선택을 했다는 사실에만 파묻혀 살았다. 현실을 직시하지 못했다. 점점 더 시궁창으로 빠져들었다.

위에서 언급한 내용 가만히 놓고 보면, 나에게 일어난 일은 입시 불합격과 사업 실패 두 가지뿐이다. 지금 누가 내게 와서 시험 떨어졌다며 울먹거린다면, 대수롭지 않게 여기며 다시 준비하라고 말해줄 거다. 지금 내게 누군가 다가와서 사업 실패했다며 절망적인 말을 한다면, 밥 잘 챙겨 먹고 다시 도전해 보라고 조언해 줄 것이다. 살아 보니 별것 아니다. 다시 하면 된다. 인생, 그렇게 쉽게 끝나지 않는다. 뿌리는 그리 쉽게 뽑히지 않는 법이다.

대학 입시에 떨어진 덕분에 재수했고, 그래서 원래 내 실력보다 더 나은 대학에 들어갈 수 있었다. 원체 공부를 하지 않았기 때문에 재수를 해도 별 볼 일 없는 성적이었는데, 하늘이 도왔는지 '수학능력평가'로 제도가 바뀌었다. 나 같은 사람에게 훨씬 적합한 시험 유형이었다. 친구들이 들어간 대학보다 더 나은 학교로, 나는 일 년 늦게 입학했다. 그제야 친구들은 나를 부러워하기 시작했다. 입시 불합격은 내게 '실패'가 아니라 '기회'였던 거다. 공부를 더 할 수 있는 기회, 더 좋은 대학에 들어갈 수 있는 기회, 실패와 성공의 개념이 무엇인가 깨달을 수 있는 기회.

사업 실패는 참혹했다. 전과자, 파산자, 알코올 중독자, 막노동꾼. 평생 생각조차 해 보지 못했던 처참한 현실이 내게 닥쳤다. 오죽하면 목숨까지 끊으려 했을까. 중요한 것은, 덕분에 지금 내가 작가와 강연가로서 더 없는 인생을 누리고 있다는 사실이다. 만약 그 시절 나 자신이 형편없는 존재라는 생각을 계속해서 끝내 생을 마감했더라면 지금의 나는 없을 것이고, 이런 생각을 할 때마다 끔찍해서 몸서리를 치곤 한다.

사업 실패는 멈춤이었다. 돈 욕심만 부리며 질주하던 나를 멈추기 위해서는 신은 내가 가진 모든 걸 잃게 만드는 수밖에 없었을 터다. 파산하고서야 돈보다 더 중요한 것들이 있다는 사실을 깨달았고, 감옥에 가서야 가족을 포함한 주변 사람들 소중하단 사실을 알 수 있었다. 나의 이익만을 추구하며 사는 인생은 아무짝에도 쓸모없으며, 다른 사람 돕고 함께 살아야 인생의 의미와 행복과 성공에 이를 수 있다는 사실도 배우게 되었다. 이 모든 것이 사업 실패하고 망한 덕분이다.

나에게 무슨 일이 일어났는가 하는 것은 중요치 않다. 나에게 일어난 일을 어떻게 해석하고 받아들이는가에 따라 인생은 결정된다. 사람들은 자신에게 일어난 일을 설명하고, 그 일 때문에 자기 삶이 불행해졌다는 사실을 알리느라 여념이 없다. 무슨 일이 일어나든, 우리는 그 일에서 배우고 깨달을 수 있다. 의미를 찾고 가치를 부여한다. 내게 일어나는 모든 일이 나를 위해 일어난 일이라고 풀이할 수 있을 때 성숙한 행복을 맞이할 수 있다.

온갖 사건과 사고가 즐비하게 일어나는 세상에서 그 모든 일들이 나를 위해 일어난 일이라고 해석하기란 쉽지 않다. 그러나 한 번만 다시 생각해 보라. 이미 일어난 일을 불행이라 간주하고 곱씹는 것이 과연 나 자신에게 무슨 도움이 되겠는가. 억지로라도 이렇게 해야 하는 이유는 나 자신을 위해서다. 무슨 일이든 내게 득이 되는 쪽으로 생각하고 해석하는 것이 지금과 앞으로의 삶을 위한 최선의 길이다.

오늘 하루 어떤 일이 있었는가? 그리고, 그 일을 어떻게 풀이하고 어떤 의미를 부여하여 어떤 가치를 만들어냈는가? 강의할 때마다 입에 부르트도록 일기를 쓰라고 강조하는 이유도 여기에 있다. 하루를 정리하고, 오늘 일어난 일들에 의미와 가치를 부여함으로써 잘 살았다는 생각으로 잠자리에 드는 것. 매일이 행복하고 견고해질 수 있는 방법이다.

이제 절반 살았다. 나이 오십에 회고록을 쓴다면, 지난 삶의 모든 순간에 새로운 의미와 가치를 부여하고 싶다. 힘들고 어려웠던 순간들. 아프고 괴로웠던 시간들. 결국 그 모든 과정을 거쳐 오늘의 내가 완성되었음을 부인할 수 없다. 나에게 좋지 않은 일들이 일어난 게 아니라, 나를 위해 그런 순간들이 발생했던 것. 감사하고 또 감사한 인생. 훗날 어느 순간에 오늘을 돌이키며 또 감사할 수 있도록 주어진 하루 최선을 다하며 살아내겠다고 다짐해 본다.

경험과 지혜, 최고의 재산

내가 글을 쓰고 책을 출간할 수 있었던 동력은 모두 경험 덕분이었다. 경험이 없었더라면 작가는커녕, 글 한 줄 쓸 수 없었을 거다. 글감이 떠오르지 않거나, 글이 잘 써지지 않을 때 그런 생각을 해 본다. 내가 살아온 세월이 무려 오십 년이 넘는데 A4 용지 1.5매 채울 만한 내용이 없을까. 이렇게 생각하다 보면 자신감도 생기고 쓸거리가 있을 거란 확신도 갖게 된다.

나이 오십이 위대한 이유는 경험 때문이다. 누구나 오십 년쯤 살면 온갖 경험 하게 된다. 기쁘고 행복한 일도 있었을 테고, 힘들고 괴로운 일도 겪었을 테지. 그런 경험을 하는 동안 뭔가 배우고 깨달았을 것이고, 삶은 점점 단단해지고 깊어졌을 게 분명하다. 자기 삶을 대수롭지 않게 여기는 사람도 있는데, 그런 사람들은 실제로 삶이 초라한 것이 아니라 스스로 자기 삶을 초라하게 여길 뿐이라고, 나는 생각한다.

나이 오십은 얼마나 위대한가

왕성하게 일하고 있는 사람이나 퇴직 후 무엇을 해야 할지 막막해하는 사람이나 모두 기억해야 할 진실이 있다. 우리에겐 어떤 자격증도 다 이겨낼 수 있는 경험이란 무기가 있다는 거다. 경험은 곧 지혜다. 살아 본 사람이 살 줄도 아는 법. 무슨 일을 어떻게 하면서 살아야 할지 막막하다면, 자신의 경험을 최대한 살릴 수 있는 쪽으로 생각해 보아야 한다. SNS 세상인 만큼, 자신의 경험을 콘텐츠로 삼을 수만 있다면 말 그대로 무슨 일이든 할 수가 있다.

우선, 자기 경험을 있는 그대로 녹여 책을 출간하길 권한다. 내가 책 쓰기 코치라서 하는 말이 아니다. 자기 저서가 있는 사람과 없는 사람. 어떤 일을 하든 큰 차이가 날 수밖에 없다. 책을 출간한 사람은 독자들로부터 지성과 권위의 존재로 인정받는다. 나부터도 그렇다. 사업 실패해서 전과자 파산자 되고, 가진 거라곤 몸뚱이 하나뿐인 사람이었는데. 지금은 세상을 다 가진 듯 작가와 강연가로 멋지게 살아가고 있지 않은가. 이 모든 것이 책을 출간한 덕분이다.

글을 써 본 적도 없고 독서를 많이 하지도 않아서 책 쓰기가 두렵고 막막하다는 사람 많다. 이 또한 나의 경험과 같다. 다시 말하지만, 자신의 경험을 믿어야 한다. 지금껏 살아오면서 겪었던 행복과 불행을 모조리 담는다고 생각해 보라. 쓸 게 많아서 문제이지 못 쓸 일 하나도 없다. 누군가는 시작하고 또 다른 이는 망설이고 주저한다. 우리 나이 오십이다. 이제 망설이고 주저할 시간 없다. 확신 가지고 시작해야 한다.

다음으로, 어떤 플랫폼이든 SNS 둘 정도는 꼭 해 보길 권하고 싶다. 선택의 문제가 아니다. 시대 흐름은 무조건 따르는 것이 옳다. 손에 익숙지 않고 용어도 낯설겠지만, 우리 남은 인생 오십 년이다. 지금부터 부지런히 익히고 따라가면 어린 친구들 못지않게 신문물에 적응하며 살아갈 수 있다. 무엇보다 중요한 것은, 지금 시대 '일'이란 것은 자신을 드러내는 게 포인트다. 마케팅, 브랜드, 일인기업 등 모든 사업의 기반이 콘텐츠이고 열린 개인이란 점을 잊지 말아야 한다. 혼자 숨기고 감추면서 연구개발하던 시대는 갔다. 자신의 경험을 마음껏 드러내고, 그 경험으로부터 배우고 깨달은 사실을 다른 사람 인생에 도움 준다는 생각으로 드러내야 한다.

끝으로, 강연이다. 개인적인 생각이지만, 나이 오십은 무대 위에 서기에 딱 안성맞춤이다. 경험도, 연륜도, 지혜도, 무게도, 깊이도 모두 제격이다. 다른 나이가 무대와 어울리지 않는다는 뜻이 아니다. 오십쯤 되었으면 무대 위에 서는 걸 두려워하지 말아야 한다는 사실을 강조하는 거다. 발표 불안? 뭐 그럴 수 있다. 하지만, 남은 인생을 어떻게 살아갈지 판단하고 결정하는 순간에 발표 불안 따위가 장애가 되어서는 곤란하다. 병적이라

치료를 받아야 하는 정도가 아니라면, 무대 위에 오르는 횟수가 많을수록 저절로 치유되는 것이 발표 불안이기도 하다. 용기가 필요하다는 얘기다. 자신의 경험과 지혜를 나누고, 다른 사람 인생에 도움 주기 위해 애쓰는 과정인데 불안할 게 뭐가 있는가. 상상해 보라. 내 이야기를 들은 누군가가 자기 삶을 참하게 만들어가는 모습. 보람과 가치 충분하지 않겠는가. 존재 가치를 느끼는 것만큼 살맛 나는 일도 없다.

정리하면 이렇다. 오십쯤 되면 누구나 경험 충분할 테니 그 내용을 기반으로 책을 쓴다. 집필한 내용을 콘텐츠로 삼아 SNS 활동을 하면서 자신을 드러낸다. 그런 다음, 내게 호감 가지는 사람들 모아 강연을 한다. 이런 일련의 활동을 지속 반복하면서 작가, 강연가, 그리고 메신저로 살아가면 남은 오십 년이 활력 넘치고 풍요롭고 행복한 시간 될 거라고 확신한다.

그게 말처럼 쉬운 일인가? 꼭 이렇게 딴지 거는 사람 있다. 내가 언제 쉽다고 했는가. 세상에 쉬운 일이 어디 있는가. 어렵고 힘들지만, 충분히 할 만한 가치가 있다는 얘기다. 어떤 삶을 살아야 할지 막막해하는 사람들의 경우, 책 쓰고 SNS 활동 하고, 강연가로 살아가는 것만큼 보람과 가치 가득한 일이 또 어디 있겠는가.

내가 살아온 인생 경험으로 다른 사람 삶에 도움을 주는 일. 10년 넘게 매일 글을 쓰면서도 지치지 않는 이유다. 누구를 돕는다 하면 손발 오그라들 수도 있겠지만, 적어도 나는 실패 후 참혹한 삶을 경험했기 때문에 '돕는다'라는 말에 전율을 느낀다. 돈 많고 능력 탁월해야만 도울 수 있는 게 아니다. 경험! 그것으로 충분하다. 이래서 나이 오십이 위대하다고 주장하는 거다. 지금 당장 시작하라!

스트레스보다는 기쁨을 찾아야 할 때

나이 오십은 끝이 아니라 시작이다. 지금까지는 다양한 도전과 시도를 통해 실수도 하고 실패도 하고 때로 잘못도 저지르며 살아왔을 터다. 그렇게 많은 경험을 했다는 것은 그만큼 많은 지혜를 쌓아왔다는 뜻이기도 하다. 남은 인생에서는 지난 경험을 통해 축적한 지혜를 한껏 발휘하며 살아야 한다. 아무 경험이나 지혜 없이 부딪히며 살았던 날들을 '젊음'이라 한다면, 이제 경험과 지혜를 기반으로 현명하게 살아가는 날들을 '중년'이라 불러야 할 것이다. 지금까지는 돈이나 성공을 위해 질주했을 테지만, 이제는 목적의식을 가지고 자기만의 속도로 걸어가야 한다.

이런 측면에서, 나이 오십에 들어선 사람들은 어떤 관점으로 일을 바라보아야 할 것인가. 어떤 가치관으로 일을 정의하고 선택하고 또 수행해야 할 것인가. 내 경험을 바탕으로 중년에 접어든 이들이 일을 대하는 시각에 관해 정리해 본다.

첫째, 일은 성공의 척도가 아니라 만족의 기준이 되어야 한다. 나는 한때 돈이면 전부라는 생각으로 살았다. 삶의 목적이 오직 물질적 부를 이루는 것이었고, 그렇게 해야만 성공하는 거라고 믿었다. 그러한 목적이 잘못되었다는 건 아니지만, 그런 마음으로 살았던 내가 행복하거나 만족했던 때는 단 한 순간도 없었다는 게 문제다. 나이 오십은 '끝'을 생각하지 않을 수 없는 시기다. 언제까지 돈이나 성공만을 위해 '불행한 일'을 계속할 수는 없다. 이제 자신을 진정 행복하고 만족하게 해주는 일이 무엇인가 고민하고, 기꺼이 그 일을 선택하고 수행해야 할 필요가 있겠다.

둘째, 나눔의 가치를 알아야 한다. 지금까지는 내 몫을 챙기기 위해 일해왔다면, 이제부터는 자신의 경험과 지혜를 통해 다른 사람 삶에 도움 줄 수 있는 일을 해야만 한다. 인생에 꼭 필요한 요소는 보람과 가치이다. 나는 왜 이 일을 하는가. 여기에 대한 답변이 아직도 먹고 살기 위해서라는 정도라면 생각을 달리해 보아야 한다. 1차 욕구에 머물러 있기만 해서는 행복한 성공을 맛볼 수 없다. 나보다 힘들고 어려운 사람들, 나보다 늦게 출발한 사람들, 나보다 환경이나 상황이 좋지 못한 사람들. 그들을 위해 나의 경험과 지혜와 지식을 기꺼이 나눌 수 있어야 한다. 경험 있는 사람들은 잘 알겠지만, 나만의 이익을 위해 열심히 일했을 때보다 나누며 살았을 때 기쁨과 만족의 정도가 훨씬 크다. 더 좋은 세상을 만들기 위한 첫 단추는 나눔과 배려임을 잊지 말아야 한다. 오십은 나눔과 배려가 얼마든지 가능한 나이다.

셋째, 자신에게 진정 중요한 것이 무엇인가 생각할 필요가 있다. 지금까지는 생계를 위해 일해왔다면, 이제부터는 마음의 평온을 위해 일해야 한다. 일하는 사람이 스트레스받는 것이야 당연한 결과이겠지만, 나이 오십에 들어서서까지 계속 정신적 압박만 받는다면 틀림없이 삶이 끝날 무렵 후회만 가득할 터다. 돈 버는 것도 중요하다. 나와 가족이 먹고 살아야 하니까. 그러나, 세상 가장 소중한 나 자신에게 기쁨과 만족을 주는 것도 그에 못지않게 중요하다. 나와 내 인생에서 진정 중요한 가치는 무엇인가. 이제 마지막으로 내게 한 번의 기회를 준다면, 나는 무엇을 위해 살아갈 것인가. 자신을 향해 이러한 질문을 던지는 것만으로도 지금까지와는 전혀 다른 생각을 할 수 있을 것이다.

넷째, 소비하지 말고 챙겨야 한다. 돈이 아니라 정신을 말하는 것이다. 모든 걸 쏟아부으며 지금까지 달려왔다면, 이제 나의 뇌에 보상해 주어야 한다. 사회적으로 대단한 지위에 오른 사람이나 더없이 풍족한 삶을 누리는 이들이 폭행, 도박, 음주

운전, 횡령 등의 사고를 저지르는 이유가 무엇일까? 평생 열심히 살면서 자신을 희생하고 헌신했음에도 불구하고 스스로 챙기지 않은 탓에 뇌가 자꾸만 무언가 공허하게 느끼게 된 탓이다. 다 가졌는데도 텅 빈 것 같이 느껴지니 허튼짓을 저지르게 되는 셈이다. 나이 오십은 무엇보다 자신을 챙겨야 하는 시기이다. 가장 많은 시간을 할애하게 되는 '일'에서 자신을 챙기지 못하면 그들처럼 허탈한 인생 살아갈 수밖에 없다.

다섯째, 일이 곧 행복의 원천이 되도록 해야 한다. 하루 중 가장 많은 시간을 할애하는 것이 바로 일이다. 일에서 행복을 느끼지 못하면 인생 자체가 불행해진다는 뜻이 된다. 단순히 돈만 벌기 위해 일하는 사람은 일에서 행복 느낀다는 말이 통 이해되지 않을지도 모른다. 의미와 가치를 부여하자는 뜻이다. 아무 생각 없이 그저 시간 되면 일하고 마치는 기계적인 일상에서 벗어나, 내가 지금 이 일을 하는 의미와 가치가 무엇인가 스스로 부여하고 느껴보자는 의미이다. 이 또한 연습과 훈련을 통해 얼마든지 습관으로 만들 수 있다. 어떤 생각이든 자기 하기 나름이다.

지금까지 내가 말한 일에 관한 철학이나 가치관이 다소 공자님 말씀처럼 여겨지는 사람도 없지 않을 것이다. 나는 지금 햇수로 10년째 매일 책 읽고 글 쓰고 강의하고 있다. 만약 이 일을 돈만 보고 했더라면 일찌감치 그만두었을 거다. 스스로 부여한 신념과 확신 덕분에 10년을 하루 같이 지속할 수 있었다. 많은 것을 이루었고, 또 많은 변화를 만들어냈다. 만족, 감사, 행복 등 이 세 가지는 외부 어딘가에서 찾는 게 아니라 자신이 만들어낸 가치이다. 인생 절반에 이른 사람이 일을 할 때는 무조건 행복해야 한다는 것이 내 주장이다. 욕심도, 강박도 조금씩 내려놓고, 이제 자신을 챙기고 위하는 시간 꼭 가지길 바란다.

뭣이 중헌디

　인생은 불공평하다. 죽기살기로 열심히 일을 했는데도 불구하고 게으른 사람이 먼저 승진을 하기도 한다. 몸이 부서져라 살아도 방 한 칸 마련하기 힘들다. 한 번도 주어진 길에서 벗어난 적이 없는데, 여전히 같은 자리를 맴도는 것만 같다. 나보다 게으르고, 못생기고, 능력이 부족한 사람이 나보다 훨씬 잘 사는 경우가 허다하다. 그래서 나는, 인생이 불공평하다고 생각한다.

　인생은 공평하다. 누구나 태어나서 죽을 때까지 몇 번의 고비를 넘는다. 단 한 번의 시련도 없이 완벽하게 평온한 삶이란 존재하지 않는다. 사람은 누구나 한 번쯤 죽고 싶을 정도로 힘들다고 느끼며, 삶이 참 팍팍하다는 생각을 하게 된다. 많이 가진 사람이든 적게 가진 사람이든, 결국은 병들고 죽는다. 영원히 행복한 사람도 없으며, 영원히 불행한 사람도 없다. 그래서 나는, 인생이 공평하다고 생각한다.

돈 많이 벌고 남부러울 것 없이 살던 시절, 나는 세상이 당연히 불공평해야 한다고 생각했다. 나는 이렇게 열심히 노력하니까 당연히 잘 사는 거지! 어렵고 힘들게 살아가는 사람들을 전혀 거들떠보지 않았다. 내가 잘났기 때문에 남들과는 다른 삶을 보장받을 자격이 충분하다고 믿었다. 자만심과 허영심이 하늘을 찔렀다.

한순간에 모든 것을 잃었을 때, 나는 세상이 너무 불공평하다며 땅을 치고 원망했다. 사람 마음 참 간사하다. 어떻게 나한테 이럴 수가 있어! 억울하고 분통이 터졌다. 왜 나한테! 왜 하필이면 나한테! 이런 생각들을 떨쳐버릴 수가 없었다. 사실은 모두가 내 탓이었음에도 불구하고 나는 결코 인정할 수가 없었던 거다.

살아오면서, 그리고 많은 사람들을 만나 이야기를 나누는 동안 세상이 공평하다거나 불공평하다는 말들을 많이 들었다. 공평하다고 믿는 사람들도 나름의 이유가 있었고, 불공평하다고 주장하는 사람들의 이야기에도 충분한 근거가 있었다. 사람들은 각자가 믿는 바대로 세상을 살아가는 방식을 선택하는 것 같다.

그런데 나는 이제 세상이 공평한가 그렇지 않은가에 대해 별 관심이 없다. 세상이 공평하면 어쩔 테고, 또 불공평하면 어쩔 텐가. 어차피 우리는 자신에게 주어진 삶을 살아가야 한다. 물론 사회정의를 위해 인간의 '형평성' 문제를 다루자면 당연히 공평한 세상을 위해 싸우고 노력해야겠지. 그러나 지금 나는 이런 류의 사회적 원칙을 말하려는 것이 아니다. 삶을 살아가는 방식을 어떻게 선택해야 할 것인가에 대한 문제를 말하는 거다. 세상이 공평한가 그렇지 않은가를 열심히 따져서 얻게 되는 것이 무엇일까? 내 경험에 비추어보면, 남는 것은 아무것도 없었다.

세상이 공평하든 불공평하든, 그것은 중요치 않다. 공평한 세상에서 내가 어떻게 살아갈 것인지, 불공평한 세상에서 나는 어떻게 살아갈 것인지! 이렇게 자신의 삶을 선택하는 것이 훨씬 더 중요하다.

저기 앞에 산이 보인다. 말 그대로 앞산이다. 제자리에서 몸을 잠시 돌리기만 하면 그 산은 순식간에 뒷산이 된다. 세상을 바라보는 기준은 "내"가 되어야 한다. 내 삶의 주인도 "나"밖에 될 수 없다. 공평한 세상도 내가 만들고, 불공평한 세상도 내가 만든다. 세상의 흐름에 나를 맡기지 말고, 내 발 아래 세상이 움직일 수 있도록 살아야 한다. 그렇게 할 수 있는 방법이 바로 이전에 내가 썼던 〈아픔공부〉라는 책에서 언급한 中心思考이다.

세상이 공평한가 그렇지 않은가를 시시콜콜 따지는 시간에, 오늘 내 앞에 주어진 삶의 몫을 성실하게 꾸려 나가는 것이 행복한 삶을 만들고 내 삶의 의미를 찾는 더욱 가치 있는 행동 아니겠는가.

삶의 이야기를 간절히 기다리는 누군가를 위해

　아무리 보잘것없는 삶이라 할지라도, 글에 담아 세상에 남겨지는 순간 누군가에게는 반드시 도움이 된다. 강의 시간에 이 말을 아무리 힘주어 되풀이해도, 스스로의 삶이 아무런 가치가 없다고 여기는 이들이 너무 많아 안타깝다. 나는 전과자이며 파산했고 알코올중독자였다. 막노동으로 생계를 유지할 정도로 가난하고 무능력했다. 굳이 삶의 수준을 따진다면, 나는 절대로 책을 쓸 수 있는 수준의 사람이 아니었다.

　내가 저지른 실수, 실패, 잘못된 생각, 그릇된 판단, 그리고 그로 인해 빚어진 불우했던 삶의 이야기를 타산지석으로 삼아 세상 사람들이 나와 같은 시련과 고통을 겪지 않기를 바랐다. 돈이 전부인 줄 알고 돈만 좇으며 살았던 사회 초년생 시절의 이야기를 뼛속 깊이 느낄 수 있기를 간절히 원했다. 그것이 내가 세상 사람들을 위해 할 수 있는 유일한 일이라고 생각했다.

　　　　　　　　　　　　나이 오십은 얼마나 위대한가

생각보다 많은 사람이 나의 보잘것없는 책을 읽었다. 그러고는 이메일과 편지, 문자메시지 등을 통해 책을 읽은 소감이나 자신의 고민거리를 보내오기도 했다. 최선을 다해 경청했고, 각자가 가진 고민과 생각을 나눴다. 아주 조금씩 변해가는 그들을 보면서 이것이 나의 길이라는 확신을 갖게 되었다.

더 중요한 것은, 책을 쓰고 나니까 나조차도 내가 쓴 책의 내용에 맞추어 살기 위해 노력을 하더라는 사실이다. 최소한 내가 쓴 책의 내용과는 일치되는 삶을 살기 위해 노력해야겠다는 의식이 계속 유지되고 있다는 사실에 대해 꽤 놀라기도 했다.

자기 삶의 이야기를 책으로 쓸 때는 뭔가 그럴듯한 각색이 필요한 것도 아니고 멋진 문체로 써야 하는 것도 아니다. 당연히 맞춤법도 좀 틀리고, 띄어쓰기도 엉망이겠지. 글을 써 본 적이 없는데 어떻게 국어사전에 나와 있는 모든 문법을 정확히 알 수가 있겠는가. 문법이나 맞춤법보다 더 중요한 것이 의미의 전달이다. 이렇게 살았더니 내 삶은 이러했다는 '이야기'만 있으면 충분하다. 그 '이야기'를 통해 세상 사람들은, 특히 우리의 자식들은 최소한 같은 실수와 실패를 반복하는 시행착오를 조금은 줄일 수 있을 것이다.

작가가 되어 유명해지고 성공하는 것도 물론 중요하다. 그러나 글을 쓰고 책을 출간하는 진짜 이유를 잊어서는 안 된다.

"반드시 책을 저술하여 뒷세상에 남겨, 후인들이 그 말로 말미암아 자취를 찾고, 자취를 통해 이치를 미루어 알게 하려 한 것이다."

– 안정복 〈상헌수필〉 중에서

"자취를 통해 이치를 미루어 알게 하려 한다." 이 말은 대단히 중요한 의미를 담고 있다. 어떤 자취인지 설명이 없다. 사람이 살아온 흔적을 자취라고 한다. 기쁘고 좋은 일들로 가득했던 발자국도 있을 테고, 좌절과 절망에 빠져 허우적거렸던 흔적도 남을 거다. 이 모든 것이 삶의 자취이다. 그런 삶의 흔적들이 후인들로 하여금 이치를 깨닫는 데 도움을 준다는 뜻이다. 다시 말해, 어떤 삶이라 할지라도 반드시 누군가에게는 도움을 줄 수 있다는 말이 된다.

다른 사람이 쓴 책을 읽으면서 내 삶의 이치를 깨달을 수 있고, 내 삶의 이야기를 글로 남김으로써 다른 사람들에게 도움을 줄 수 있어야 한다. 이것이 바로 읽고 쓰는 삶을 통해 함께 살아가는 세상을 만드는 기본이다. 세상에는 내 삶의 이야기를 간절히 기다리는 독자가 있을지도 모를 일이다. 그래서 우리는 책을 써야 한다. 누구나 책을 쓸 수 있는 시대가 아니라, 누구나 책을 써야 하는 시대가 되었다. 쓰고 싶어서 쓰는 것이 아니라, 써야 하니까 쓰는 거다.

나이 오십은 얼마나 위대한가

오늘 하루, 우리의 삶은 이야기를 만든다. 그 이야기를 쓴다. 좋은 마음으로, 누군가를 돕는다는 마음으로, 내 삶에 가치를 부여한다는 마음으로, 더 나은 세상을 만든다는 생각으로.

4장

행복

상처를 치유하는 방법

아들이 초등학교에 다닐 적에 방에서 공부하다가 급하게 거실로 나오면서 책상 모서리에 다리 부딪친 적 있다. 얼마나 세게 박았는지 상처가 크게 났고 피도 많이 흘렀다. 인상 찡그리며 참는 걸 보니 꽤 아픈 모양이었다. 사내 녀석이 다리에 멍도 나고 딱지도 좀 앉아야 제대로 크는 거다 싶어서 대수롭지 않게 여겼다. 오히려 끙끙거리는 녀석을 보면서 농담도 건네고 웃으며 넘어갔다.

아침에 등교해야 하는데, 가만히 생각해 보니까 혹시 또 다른 곳에 부딪치면 상처가 크게 덧날 것 같았다. 아들을 불러 세워 놓고 연고를 바르고 밴드 하나를 붙여주려고 했다. 그랬더니 아들이 연고만 바르고 밴드는 붙이지 말라고 한다. 왜 그러냐고 물었다. "밴드 붙이고 가면 애들이 놀려!"

그렇게 아프다면서 징징거려 놓고 이제 와서 친구들이 놀린다며 밴드를 붙이지 않겠다니. 놀리는 친구 녀석들이나, 그것 때문에 밴드를 붙이지 않겠다는 아들 녀석이나 똑같다 싶어서 그냥 학교에 보냈다. 아마도 아들에게는 다리의 상처보다는 다른 친구들의 시선이 더 신경 쓰였나 보다.

상처 없는 삶은 없다. 살아가면서 무수히 많은 상처를 갖게 된다. 사랑하는 사람으로부터 배신을 당하기도 하고, 친한 친구가 등을 돌리기도 한다. 뜻하지 않은 이별을 경험할 때도 있고, 목표한 바를 이루지 못해 주저앉을 때도 있다. 말 한마디에 상처를 받기도 하고, 사소한 다툼으로 상처를 입기도 한다. 상처란, 살아가면서 결코 피해 갈 수 없는 인생 여정이다.

이런 상처를 안고, 보듬고, 치유하며 살아가는 것이 인생이다. 내가 안은 상처를 치유할 수 있는 사람은 오직 나밖에 없다는 사실을 알아야 한다. 간혹, 나에게 상처를 준 사람이 진심으로 사과를 해 오면 마치 내 상처가 치유될 것처럼 느껴질 때가 있다. 그러나 그것은 아픔이 잠시 잊혀지는 것뿐이다. 내 상처가 진정으로 치유되고 회복되기 위해서는 스스로 닦아주고 보살펴주는 마음이 필요하다.

그럼에도 우리는 자꾸만 내 상처의 원인과 치유를 외부에 두려는 경향이 있다. 나에게 상처 준 사람을 증오하고, 내 상처를 비웃는 사람들이 있을까 봐 불안해하고, 그래서 상처를 꾹꾹 숨기며 살아가곤 한다. 상처는 외부의 힘으로는 치유할 수 없다. 내 안에서 우러나오는 용서와 관심과 사랑만이 유일한 상처의 치유법이다.

누군가로부터 입은 상처는 그 누군가를 용서함으로써 비로소 진정한 치유가 된다. 결국 모든 상처와 치유는 내 마음에 달려 있다는 말이다.

거목의 힘

해마다 가을이 되면 벌초하러 간다. 여든 넘은 아버지를 모시고 친지들과 함께 증조할아버지와 할머니의 산소를 찾는다. 한 해 동안 무성하게 자란 잡초를 베고, 주변을 깨끗하게 정돈한다. 예초기 두 대를 준비한다. 하나는 내가, 그리고 다른 하나는 막내 작은아버지가 돌린다. 한 시간 정도만 작업하면 금세 산소 주변이 말끔해진다.

증조할아버지의 산소는 시골 야산에 있다. 풀이나 잡초도 무성하지만 굵은 나무가 하늘을 가려 종종 산소 주변이 엉망이 되기도 한다. 그럴 때에는 예초기를 내려놓고 큰 톱과 도끼를 이용해서 나무 밑동을 잘라내야 한다. 예초기로 잡초를 정리하는 것은 쉽고 빠르다. 그러나 오랜 세월 뿌리 박고 자란 거목은 꽤 오랜 시간 톱질과 도끼질을 거듭해야만 겨우 잘라낼 수 있다. 거목 하나를 잘라내고 나면 온몸이 땀으로 범벅이 된다. 비록 고생스럽기는 하지만, 그래도 탁 트인 하늘 볕이 증조할아버지의 산소에 내려앉는 모습을 보면 보람도 있고 기분도 좋다.

책 좀 읽었다고 어깨에 힘이 들어가는 사람들이 있다. 또 한두 권 책 출간하고 마치 사람들의 머리꼭지에 앉은 것처럼 행세하는 이들도 적지 않다. 얕은 지식과 지혜는 금방 알 수 있다. 스스로는 도가 튼 것처럼 말하지만, 초등학생이 들어도 밑천이 드러날 정도로 삶의 깊이가 형편없다. 몇 권을 읽었다고 자랑삼아 말하는 사람들의 독서는 본받을 이유가 없다. 그런 사람들은 책을 읽는 것보다 읽는 책의 권 수를 헤아리는 데 더 집중하기 때문이다. 보여주기 위한 독서일 뿐이다. 글을 쓰고 책을 출간하는 일이 대단히 중요하고 권할 만한 일임은 분명하지만, 그렇다고 해서 입만 벙긋하면 자신을 자랑하고 내세우는 이들은 속빈 깡통이나 다름없다.

책을 읽고 글을 쓰는 일은 내 자신의 성찰을 위함이다. 타인을 돕기 위함이다. 많이 읽고 쓸수록 사고의 정도가 깊어지고, 세상 문리가 조금씩 트이기 시작한다. 굳이 겉으로 드러내지 않아도 스스로 빛을 내고 사람들이 모여든다. 당연히 시간과 노력이 필요하다. 그것도 꽤 오랜 시간과 부단한 노력이 있어야 한다.

어린 학생들부터 성인에 이르기까지 하루가 멀다 하고 사건/

사고 소식이 끊기질 않는다. 책보다 게임기를 붙잡고 있는 시간이 훨씬 더 많은 사람 허다하다. 속도만을 강조하고, 결과만을 중시하는 풍토가 너무나 깊이 자리 잡았다. 이럴 때일수록 멈춰야 한다. 묵묵히 책을 읽고, 한 줄씩 쓰는 시간을 가져야 한다.

스스로 바로 서지 못하는 사람은 매 순간 바깥세상만 바라보며 의지하게 된다. 타인으로부터 인정받아야만 자신의 존재 가치가 있다고 믿는다. 하루하루가 지치고 힘든 이유가 여기에 있다. 문명이 발전하고 시대 흐름이 속도에 맞춰진다 하더라도, '자기 자신'을 잃은 삶은 아무런 가치가 없다. 빨리 가고 싶으면 속도를 늦추어야 하고, 성공하고 싶은 마음이 간절할수록 자신을 제대로 알아야 한다. 얄팍한 예초기로는 키 작은 잡초만 자를 수 있을 뿐 거목을 자를 수는 없다. 톱과 도끼는 금방은 표가 나지 않지만, 시간과 노력이라는 요소와 어우러지면, 아무리 오랜 세월 버텨온 거목이라 할지라도 반드시 쓰러뜨릴 수가 있다. 촐싹대는 예초기의 윙윙거리는 소리보다, 묵직하게 산을 울리는 도끼 내려찍는 소리가 훨씬 더 멋지게 느껴진다.

나이 오십은 거목과 어울린다. 예쁜 꽃이나 탐스러운 열매에 비하면 그 모습이 거칠고 투박하지만, 그 안에 담긴 나선형의 세월이 지혜와 안목을 증명한다. 꽃과 열매는 떨어지고 꺾이기 쉽지만, 거목은 웬만한 세상 풍파에 흔들리지 않는다. 돌이킬 수 없는 지난 세월 이야기하며 한숨짓는 것보다는 긴 시간 경험과 노력을 통해 이룬 '오십다운 오십'을 누리고 즐기는 것이 마땅한 태도 아니겠는가.

나를 인정하는 삶

　코로나19 사태가 벌어지기 전에는, 종종 서울에서 작가들의 강연회가 열렸다. 함께 글을 쓰고 책을 출간한 작가들의 강연이라 여건이 허락될 때면 어김없이 참석하려 했었다. 그런 어느 날 있었던 이야기다. 외부에서 주관하는 행사인 만큼 출판업계에 종사하는 사람들이 참석할 것 같다는 생각이 들었다. 혹시나 하는 마음에 평소에 잘 입지 않던 양복을 꺼냈다. 인사라도 나누게 된다면 그래도 어느 정도 모양새를 갖추는 것이 나에 대한 첫인상을 좋게 만들지 않을까 생각했던 거다.

　잘 다려진 와이셔츠를 입고, 넥타이를 매고, 상의를 걸치며 거울 앞에 섰다. 직장 생활을 할 때에는 거의 매일 입었던 양복인데, 왠지 낯설게 느껴졌다. 잠시 거울 앞에 서서 내 모습을 바라보다가, 그 자리에서 양복을 모두 벗어버렸다. 그러고는 평소에 입던 면바지와 셔츠로 갈아입었다. 백화점이나 옷 가게에 가면 마네킹이 서 있다. 화려하고 멋진 옷을 입고 있는. 그러나 마네킹이 멋진 옷을 입고 있는 것은 마네킹 스스로를 위함이 아니라 손님들의 눈을 위함이다. 거울 속에 비친 양복 입은 내 모습이 마치 옷 가게 마네킹 같다는 생각이 들었다.

남의 눈을 지나치게 의식하는 경우가 있다. 함께 글을 쓰고 책을 출간한 작가들의 강연을 응원하러 간다는 순수한 마음으로 봤을 때, 나는 양복을 입을 아무런 이유가 없었다. 물론 예의와 격식을 갖춰야 하는 자리도 분명히 있다. 그러나 당시의 경우에는 '혹시 인맥을 만들 만한 사람이 오지 않을까' 하는 나의 쓸데없는 생각에서 비롯된 겉치레에 불과했다.

누군가 나를 인정한다면, 그것은 나의 옷차림이 아니라 진짜 내 모습을 인정하는 거다. 겉모습으로 나를 평가하는 사람이라면 인연을 만들지 않는 편이 차라리 낫다. '다른 사람이 나를 어떻게 생각할까'라는 의식에서 벗어나야 한다. 10년이 넘는 시간 동안 항상 타인의 시선과 생각과 말에서 벗어나지 못했다. 좋은 말을 듣고 싶었고, 칭찬을 받아야 했고, 인정받기 위해 노력했다. 그 결과 내 삶에서 남은 것은 아무것도 없었다. 내가 나 자신을 인정할 줄 알아야 한다. 조금 부족하면 부족한 대로, 조금 아쉬우면 아쉬운 대로. 있는 그대로의 내 모습을 아끼고 사랑하며 인정할 줄 알아야 삶이 편안해진다.

타인의 시선을 의식하는 삶은 힘들고 괴롭다. 갈수록 불행해지는 삶이다. 사실 우리는 모두 잘 알고 있다. 다른 사람들이 나한테 별 관심이 없다는 사실을. 이러쿵저러쿵해 봐야 그 순간뿐이라는 것도 너무나 잘 알고 있다. 쓸데없는 것에 신경 쓰지 말고 살아가면 좋겠다. 그 에너지 다 모아서 진짜 내 삶에 몰빵했으면 좋겠다. 진정 중요한 것은 나 자신의 삶이니까.

나이 먹을수록 머리도 빠지고 허옇게 변해간다. 이마와 눈가에 주름도 늘고 팔다리도 가늘어진다. 대구 시내 어느 술집에 지인들과 함께 간 적 있는데, 출입구에서 길게 줄지어 서 있는 사람들 신분증을 검사하고 있었다. 그런데, 우리 차례가 되니 아무 검사도 하지 않고 자리를 안내하는 게 아닌가. "왜 우리는 신분증 보자 소리 안 해요?" 내가 큰 소리로 따지듯 묻자 종업원과 지인들이 한바탕 웃음을 터트렸다. 그렇다. 이제 누가 봐도 중년 훌쩍 넘은 아저씨다. 신분증 없어도 아무 데나 통과할 수 있는 나이. 한편으로 생각하면 세월 가고 나이 먹는 게 서글프다 느낄 수도 있지만, 오십이라 당당할 수 있는 것도 사실이다.

혈기 왕성한 젊은이들의 겉모습은 싱싱하고 파릇하다. 그들에게선 에너지가 느껴진다. 오십은 어떠한가. 아무래도 조심스럽다. 대신, 관록을 무시할 수 없다. 오십이 눈에 힘을 주면 젊은이들 못지않은 광선을 뿜어낼 수 있다. 눈에 힘주는 오십이 별로 없다는 게 문제다. 겉모습에 집중하면 살아갈수록 불행하

고 서글플 수밖에 없다. 생로병사는 인생 진리니까. 다만, 내가
나 자신을 사랑하고 당당하게 살아가는 태도는 언제든 선택할
수 있다. 백발의 노인이 고개를 들면 오십인 나는 저절로 고개
가 숙여진다. 이것이 인생 법도이다.

　나를 인정하는 태도가 중요하다. 자기 확신과 신념이야말로
나이를 거스르는 삶의 자세이다. 오십은 주눅들 나이가 아니라
자신을 사랑해야 할 나이다.

행복할 자격 충분하다

제주도에 살면서 민박을 운영하고 있는 이효리, 이상순 부부의 이야기. TV를 통해 즐겨 본 적 있다. 제주도에서 살고 싶다는 생각을 하는 사람들에게 참고가 될 만한 내용도 많고, 이효리 부부가 민박 손님들과 나누는 대화에서 나름 삶의 지혜를 찾기도 하기 때문이다.

음악을 전공하는 친구들이 이효리 민박집을 찾았다. 함께 먹고 생활하면서 여러 가지 이야기를 나눈다. 어느 날 아침, 음악을 전공하는 친구 둘이서 대화를 나누다가 불쑥 울음을 터트린다. 다섯 번의 도전 끝에 음대에 진학했는데, 취업 준비 과정에서 전혀 행복하지 않다는 내용.

"대학에만 들어가면 행복할 줄 알았는데……."

이효리 부부는 이 학생들에 대해 대화를 나눈다. 이상순이 먼저 물어본다.

이상순: "쟤네들 왜 울어?"
이효리: "대학에만 들어가면 행복할 줄 알았대."

이제 이효리 부부는 서로 자신의 이야기를 꺼낸다.

이상순: "난 제대만 하면 행복할 줄 알았어."
이효리: "난 연예인으로 성공만 하면 행복할 줄 알았지."

이 장면을 보면서, 참 많은 생각을 했다. 나도 비슷한 생각을 하면서 살았던 적이 있기 때문이다. 돈만 많이 벌면 행복할 줄 알았다. 얼마나 벌어야 행복할지 그런 것에는 관심이 없었다. 그저 닥치는 대로 많이 벌고 보자는 생각뿐이었다. 행복해질 때까지 벌면, 그때 멈출 거라고 생각했다. 돌이켜보면, 돈을 참 많이 벌었음에도 불구하고 나는 그때 행복했던 기억이 하나도 없다. 지금까지 계속해서 돈을 잘 벌어서, 엄청난 부자가 되어 있다 하더라도 아마 나는 행복과는 거리가 먼 삶을 살고 있지 않을까 짐작한다.

나를 포함한 많은 사람이 행복에 조건을 달고 살아간다. 대학에 들어가면, 취업을 하면, 성공을 하면, 돈을 많이 벌면, 결혼을 하면, 아이를 낳으면, 큰 집으로 이사를 가면, 빚을 다 갚으면, 건강을 되찾으면, 시간이 좀 지나면…… 끝도 없이 '~라면'이란 가정을 붙이며 현실의 불행한 마음을 정당화 한다. 현실의 행복을 가로막는 최악의 장벽은 욕심과 집착이다. '~라면'이라는 가정 자체가 이미 욕심이고 집착이다. 지금 주어진 현실에 만족하지 못하는 마음의 표현이다.

대학에 입학해도 별로 행복하지 않다. 취업을 해도 별로 행복하지 않고, 돈 많이 벌어봐도 결코 행복하지 않다. 스스로 가져다 붙인 조건들을 모두 만족시켜도 우리 마음은 결코 행복할 수 없다. 왜냐하면, 또 다른 가정을 끝도 없이 갖다 붙이기 때문이다.

불행도 마찬가지다. 나는 세상에서 내가 제일 불행한 사람인 줄 알았다. 줄 세우면 앞에서부터 열 번째 안에 속할 거라고 확신했었다. 그러나 감옥에서, 또 막노동판에서 내가 만난 모든 사람은 오히려 나보다 훨씬 더 지독한 조건과 환경에서 살아가고 있었다.

욕심과 집착을 내려놓고 나보다 어려운 사람들을 생각하는 마음을 잊지 않는다면, 우리는 지금 당장 행복할 수 있다. 한때는 나도 이런 말들이 귀신 씻나락 까먹는 소리라며 무시하고 살았다. 그러나 힘든 삶의 고비를 넘어 보니, '지금 이 순간의 행복'을 느끼는 것이 얼마나 중요한 것인가를 뼛속 깊이 깨달을 수 있었다. 행복에 조건을 다는 사람들은 영원히 행복할 수 없다. 바라는 조건 다 이루어져도, 또다시 새로운 조건을 만들어 갖다 붙이기 때문이다. 욕심과 집착은 끝이 없다.

탁! 내려놓고 나면 정말로 속이 시원하다. 주어진 일상과 주변 사람들이 너무 감사하고 고맙고 눈물 나도록 따뜻하게 느껴진다. 그래서 더 열심히 살아야겠다는 마음이 저절로 우러난다. 혼자 조용히 앉아 나 자신을 향한 마음을 표현해 본다.

"여기까지 오느라 정말 수고 많았다. 부족하고 서툴지만, 내세울 것 하나 없지만, 아직 삶의 무게가 너무 무겁지만, 잘 참고 견디며 살아주고 있어서 너무 대견하고 고맙다!"

조건 없는 행복. 우리는 태어날 때부터 축복받고 존중받고 사랑받을 충분한 자격을 타고났다. 그런 나를 진심으로 사랑할 수 있을 때, 우리는 진짜 행복을 만날 수 있다.

비교는, 최고가 아님을 인정하는 것

두 군데 회사를 경험했다. 한 곳은 사회생활을 시작한 곳으로, 약 10년쯤 몸담은 S사이고, 다른 한 곳은 1년도 채 다니지 않은 M사이다. 여러 가지 요소들을 배제하고 오직 브랜드 가치로만 평가하자면, S사는 국내뿐 아니라 세계적으로도 일류기업이라 할 수 있고 M사는 새롭게 부상하는 신생기업이라 할 수 있다.

비록 일류기업이라 불렸지만 S 기업에 함께 다닌 사람들도 불만이 많았다. 나도 마찬가지였다. 일이 너무 많았고, 급여도 만족스럽지 않다고 생각했다. 상사와 동료 직원들 간의 인간적인 관계에 불만을 가질 때도 종종 있었다.

M사에 다니던 때에는 전혀 다른 문제로 고민했다. 10년 동안 S사에 다니면서 한 번도 신경 쓰지 않았던 문제들 때문에 스트레스를 많이 받았는데, 그것은 바로 다른 회사와의 '비교'였다.

나이 오십은 얼마나 위대한가

M사에서는 무슨 일만 있으면 경쟁사의 동향을 살폈다. 기획안을 채택할 때에도 경쟁사의 방향을 먼저 확인했고, 결정을 내릴 때에도 경쟁사의 눈치를 봤다. 회사의 철학과 방향을 따라 직원들이 움직인 것이 아니라, 경쟁사의 움직임에 따라 매번 회사의 결정이 달라졌으니 직원들이 얼마나 피곤했겠는가. 무엇보다 참기 힘들었던 것은, M사를 이끌어가는 리더들의 입바른 소리였다. "우리는 A사보다 이런 점에서 낫다. 우리는 B사에 없는 이런 것들을 갖추고 있다. 우리는 C사보다 복지혜택이 더 많다……"

공정한 잣대를 두고 냉철하게 비교하는 것이 아니라, 부족한 회사들만 골라서 한 가지씩 비교를 하니 당연히 더 나은 평가가 나올 수밖에 없었다. 우스운 것은, 오랫동안 M사에 몸담고 있던 직원들은 그런 말도 안 되는 '비교 방식'에 너무나 익숙해져 있었다는 사실이었다.

M사는 왜 그렇게 타 회사와의 비교를 중요하게 여겼을까? 성장해 나가는 과도기에서 대내외적으로 '잘 나가는' 회사의 이미지를 심기 위해서였다. '대단한' 회사라는 인정을 받기 위해서 발버둥을 쳤던 거다. 내가 10년 동안 다녔지만, 일류기업이라 일컬어지는 S사에는 '비교'라는 것이 없었다. 다른 기업에서 무슨 일을 하든, 어떤 상품을 만들든, 어떻게 광고를 하든 전혀 신경 쓰지 않았다. S사의 경쟁 대상은 이미 세계 최고의 기업들이

었고, 자신들의 계열사였다. 딱 부러지는 방향을 정하고, 직원들이 일사불란하게 목표를 향해 움직였다. 솔직히 나는 지금도 지난 세월 돌이키면서 S사가 좋았다거나 M사가 좋았다는 기억을 별로 하지 않는다. 직장생활 자체가 나한테는 돈을 버는 수단일 뿐이었기 때문이다. 그럼에도 S사를 더 좋게 평가하는 이유는, 쓸데없이 타 회사와 '비교'하면서 에너지를 낭비하지 않았기 때문이다.

비교한다는 것은 스스로 최고가 아님을 인정하는 것 외에 아무런 의미가 없다. 개인의 삶도 마찬가지다. 모든 사람은 각자가 타고난 재능과 장점이 있기 마련이다. 스스로 삶의 목표와 방향을 정하고 성장하며 나아가는 것이 전부다. 다른 사람과의 비교는 그 자체만으로도 부정적일 수밖에 없다. 만약 내가 다른 사람보다 어떤 점에서 우월하다고 느끼면 그것은 곧 자만으로 연결될 가능성이 크다. 반면, 내가 다른 사람보다 어떤 점에서 부족하다고 느끼면 내 삶을 비관하거나 다른 사람들을 시기하게 될 거다.

선의의 경쟁을 통해 함께 성장하는 것은 바람직한 일이다. 그러나 내가 나아가야 할 길은 접어두고 타인의 삶만 들여다보는 행동은 쓸데없이 시간을 낭비하는 것과 다를 바 없다. 하루를 지내다 보면, 내 가족을 포함해서 거의 대부분 사람이 '타인'을 이야기하는 경우 많이 보게 된다. 아무리 함께 살아가는 사회라고 하지만, 다른 사람의 삶보다는 나 자신의 삶을 더 많이 생각하고 고민해야 하는 것 아닐까. 내 삶은 오직 하나다. 세상을 통틀어 하나밖에 없는 유일한 삶. 비교 자체가 불가능한 일이다.

　아무리 돈을 많이 벌어도 비교를 시작하게 되면 다른 사람의 더 많은 재산이 눈에 들어오게 된다. 그래서 끝도 없이 욕심과 집착을 갖게 되는 것. 내면의 성장 없이 겉으로 보이는 외적 성장만을 추구하게 되는 것도 모두가 비교 때문이다. 자신의 삶을 살아야 한다. 나보다 못한 사람들을 마음에 품고 살아야 행복할 수 있다. 더 크게 성공하기보다는, 더 제대로 성장하기를 바라본다. 다른 사람보다 '나'를 생각하는 날이 많아지길.

함께 살아가는 세상

아버지 친한 친구가 세상을 떠나셨다. 어머니와 아버지는 문상을 다녀오셨다. 친한 친구의 죽음은 두 분의 마음을 쓸쓸하게 만들었다. 아무래도 연세가 있으니까 남의 일 같지 않다고 여긴 모양이다.

더 당혹스러운 것은, 그 친구분이 대중목욕탕에서 심장마비로 눈을 감았다는 사실이다. 아마 뜨거운 열기와 수증기를 견디지 못해 갑작스럽게 사고를 당한 모양이었다. "목욕탕에 사람이 그렇게 많았다는데. 죽은 시간을 짐작도 못 하나 봐."

목욕탕에는 뜨거운 탕 안에 앉아 눈을 감고 있는 사람도 많고, 적당한 자리에 누워 잠을 청하는 사람도 많기 때문에 주변 사람들도 크게 신경을 쓰지 않은 것 같다. 갑작스러운 죽음. 아무리 나이가 많다고 하더라도 갑작스러운 가족의 죽음을 받아들이기가 쉽지 않을 듯하다.

나이 오십은 얼마나 위대한가

아버지 친구분 이야기는 다소 특별한 경우이기도 하고, 대중목욕탕이라는 특성상 그럴 수도 있겠다는 생각이 들기도 한다. 그러나 조금만 더 나아가 생각해 본다면, 지금 우리가 사는 시대가 참 삭막하다는 느낌을 지울 수가 없다.

어느 여름밤 12시가 넘었을 때, 아파트 내 놀이터에 잠시 바람을 쐬러 나간 적 있다. 글 쓰다가 밤바람 쐬면 머리도 맑아지고, 기분도 좋아지기 때문이었다. 그런데 놀이터 한쪽 벤치 끝에 중학생으로 보이는 여자아이가 혼자서 바닥에 무릎을 꿇고 있는 모습이 보였다. 어린 여자아이가, 그것도 밤 12시가 넘은 시각에 놀이터에서 무릎을 꿇고 있다는 사실이 도무지 이해가 되지 않았다. 혹시 주변에 다른 아이들이 괴롭히고 있는 것은 아닌지 둘러보았지만 놀이터에는 아무도 없었다. 조심스레 물었다. "학생, 지금 여기서 뭐 하는 거야? 밤도 늦었는데 어서 집으로 들어가야지!"

그 여학생의 대답이 참 당황스러웠다.

"아저씨가 뭔데요? 내가 놀이터에서 뭘 하든 상관할 바 아니잖아요!"

혹시나 하는 마음에 경비실로 갔다. 야간 근무를 서고 있는 경비 아저씨께 자초지종을 설명했다. 내가 얘기하면 아무 소용이 없지만, 경비 아저씨가 말하면 최소한 듣는 척이라도 할 것 같았기 때문이다. 더 놀랐던 것은, 경비실 한쪽 벽면을 가득 채우고 있는 CCTV 모니터에 놀이터에 꿇어앉아 있는 소녀의 모습이 선명하게 보이고 있다는 사실이었다. 밤 12시가 넘은 시각에 아파트 놀이터에서 어린 여자아이가 혼자 꿇어앉아 있는 모습을 뻔히 보고 있었으면서도 경비실에서는 아무런 조처를 하지 않고 있었던 거다.

힘들고 어려운 시기를 겪기 전에는 나도 마찬가지였다. 누가 나한테 무슨 말이라도 건네면, 무슨 상관이냐며 무시하기 일쑤였다. 다른 사람에게 무슨 일이 생겨도 나랑은 전혀 상관없는 일이라고 여겼다. 그러나 견디지 못할 정도로 아픈 시간을 보내고 있을 때에는 제발 누군가 한 사람이라도 나에게 손을 뻗어 잡아주기를 간절하게 바랐다. 도저히 혼자 서 있을 힘이 없어서 누군가의 어깨가 절실히 필요했던 거다.

세상은 결코 혼자서 살아갈 수 없다. 아무리 잘난 사람도 혼자서 모든 것을 이뤄낼 수는 없다. 우리는 늘 함께 살아가야 한다. 꼭 도움을 주고받아야 한다는 뜻만은 아니다. 서로 관심 가지고, 마음 열 수 있기만 하면 충분히 견딜 수가 있다는 말이다. 관심과 배려, 이것이 바로 함께 살아가는 세상의 기본일 터다.

모든 사람과 사물을 진심으로 사랑하는 마음으로 대해야 한다. 괘씸하기 짝이 없는 사람이나 자신의 이익만을 바라는 이기적인 사람들을 만날 때면 나도 모르게 화가 치솟는다. 어디 한 번 두고 보라는 식의 불편한 마음이 가득 찬다. 시간이 지나면서 깨닫게 된 점 한 가지는, 그런 사람들은 내가 아니라도 결국 어떤 식으로든 대가를 치르게 된다는 사실. 나쁜 사람을 바라보면서 내 마음을 불편하게 가지는 것은 스스로에게도 결코 도움이 되지 않는다.

원수를 사랑하라는 말처럼 무슨 도인이 되어야 한다는 뜻은 아니지만, 최소한 주변 사람들에게 관심을 가지고 내 삶에 함께해주는 동반자라는 마음을 잊지 않는다면, 우리는 훨씬 더 살 만한 세상에서 살아갈 수 있을 거라고 확신한다. 혹시 자신의 주변에 어렵고 힘들어 도움이 필요한 사람은 없는지 관심을 가지고 살펴볼 수 있는 마음의 여유. 이런 태도가 아주 조금이라도 살 만한 세상을 만드는 것 아니겠는가.

세 살짜리 아이는 자기밖에 모른다. 그런 아이를 향해 자신밖에 모른다고 흉을 보는 사람은 없다. '어리기' 때문에 아직 사회성 없다는 걸 누구나 다 알기 때문이다. 허나, 오십은 다르다. 오십 넘은 사람을 어른이라 부르는 이유는, 자신 외에 타인의 삶에도 관심을 가질 수 있기 때문이다. 나보다 잘난 사람 바라보며 부러워하고 시기하고 질투하며 어떻게든 끄집어 내리려는 생각만 하지 말고, 나보다 못한 사람에게 손을 내밀어 줄 수 있는 배려와 아량이 필요한 때다.

아름다운 곡선

대학생 시절, 친구들과 등산을 간 적 있다. 대덕산, 대구 사람들은 흔히 앞산이라고 부른다. 등산로가 비교적 잘 닦여 있고, 정상까지 이르는 길이 꽤 아름답다. 동아리 친구들과 함께 주말 모임으로 가졌던 등산을 통해 우리는 맑은 공기와 자연을 함께 느낄 수 있었다.

짓궂은 친구가 있었는데, 장난끼도 많고 돌발 행동도 잦았다. 늘 쾌활하고 유머감각이 뛰어난 친구라 모두가 좋아했다. 한참 산을 오르는데 그 친구가 갑자기 등산로를 벗어났다. "난 이쪽으로 올라갈게. 정상에서 만나자!"

멀쩡하게 난 등산로를 벗어나 산비탈을 오르기 시작했다. 산을 오르는데 집중했던 우리는 그 친구를 말릴 겨를도 없었다. 올라가다가 길이 만만치 않으면 돌아오겠지 싶어 그냥 내버려두었다.

나이 오십은 얼마나 위대한가

정상에 올라 멋진 경관을 감상하고, 시원스레 "야호!"까지 외쳤다. 그런데 아무리 기다려도 등산로를 벗어난 친구는 오지 않았다. 당시에는 휴대전화도 없었기 때문에 마냥 기다릴 수밖에 없었다. 한 시간쯤 기다리다가 결국 산을 내려오기로 했다. 험한 산도 아니었고, 내려가서 삐삐로 호출하기로 했다.

등산로 입구까지 내려오자, 그 곳 벤치에 친구가 앉아 있었다. 정상에서 기다렸던 시간이 아깝기도 했고, 걱정했던 마음까지 솟구쳐 우리는 한 입으로 그 친구를 탓했다. 친구는 씨익 웃으며 미안하다고 말했다. 그리고는 덧붙였다. "정말 미안하다. 내가 괜한 짓을 해서 너희들한테 걱정을 끼친 것 같다. 그런데 말이야……"

밝게 웃으며 미안하다고 말하는 친구를 더 이상 탓할 수는 없었다. 게다가 이어지는 친구의 말은 우리의 호기심과 관심을 빼앗기에 충분했다.

"난 대덕산이 이토록 대단한 줄 오늘 처음 알았어. 비탈길로 올라가니까 완전 별천지야. 공기가 달라. 나무도 얼마나 울창하고 근사한지 정말 끝내줘. 내 발자국 소리를 듣고 한꺼번에 하늘로 솟구치는 새들의 모습이 정말 장관이었어. 높이 솟은 나무들 사이로 해가 비치는데, 마치 영화의 한 장면 같더라니까."

얼굴이 벌겋게 상기된 채 흥분을 감추지 못하는 친구를 보면서, 참 미워할 수 없는 녀석이다 싶었다.

정상에 오르기 위해 열심히 올라간다. 많은 사람이 옆도 뒤도 돌아보지 않은 채 자신의 길을 간다. '열심히'라는 말로는 표현이 부족할 정도로 삶을 대하는 태도가 진지하다. 자칫 이 길을 벗어나면 무슨 큰일이 생길 것처럼 바짝 긴장한 채 살아간다. 본의 아니게 길을 벗어났을 때, 우리는 먼 길을 돌아왔다고 생각한다. 그리고 돌아온 그 시간을 시행착오 혹은 낭비라고 여길 때가 많다. 물론 A에서 시작해서 Z까지 한 걸음에 이를 수 있다면 더없이 좋을 거다. 인생에서 목표를 정하고, 굳은 결심으로 시작하며, 흔들리지 않고 목적지에 도착하는 것, 그것이 바로 대부분 사람이 바라는 삶의 길인지도 모르겠다.

미국의 농구황제 마이클 조던. 점프해서 공중에 머무는 시간이 얼마나 길었으면 "에어 조던"이라는 별명까지 붙었을까. 황제라는 별칭만 봐도 그가 농구 역사에 길이 남을 만한 선수였다는 사실을 잘 알 수 있다. 나도 한때 마이클 조던에게 푹 빠졌던 시절이 있었다. 그런데 이 마이클 조던이 어느 날 갑자기 야구를 하겠다고 선언한다. 코트를 떠난 거다. 일부 팬들 중에는 야구선수가 된 마이클 조던을 응원하는 사람도 있었지만, 대부분 팬은 서운해하고 섭섭해했다. 코트를 떠났던 마이클 조던은 결국 2년이 지난 후에 다시 농구코트로 복귀했다. 그러고는 이전보다 훨씬 멋진 모습으로 황제의 자리에 다시 오른다. 팬들은 변함없이 마이클 조던을 향해 열광했다.

잠시 야구선수로 외도했던 조던이 자서전에 남긴 말이 있다.

"그 2년 동안 야구를 하지 않았다면, 내가 얼마나 농구를 사랑하는지 알지 못했을 것이다!"

인생에는 정답이 없다. 정해진 길도 없다. 내가 가는 길이 시간의 낭비라고 누구도 말할 수 없다. 모든 길은 삶으로 연결된다. 다만, 그 길을 어떻게 해석하고 받아들이느냐 하는 것만이 중요하다. 삶의 길에 대한 해석과 판단은 오직 '나 자신'만이 할 수 있다.

혹시 먼 길을 돌아가고 있는 것은 아닌지 염려하고 있는가? 목표지점에 조금 늦게 도착할 수도 있다. 그러나 지금 가는 길이 경험과 노하우로 축적되어 훨씬 더 풍요로운 삶의 지혜로 남을 거다.

"후회했다고 느껴진 그 길이 최단 직선거리는 아니었을지라도 가장 아름다운 곡선이었을 수 있다."

– 〈당신은 겉보기에 노력하고 있을 뿐〉, 리샹웅

지금 이 순간에 몰입하라

매년 명절이 되면 친척들이 한자리에 모인다. 아들을 포함해 어린 조카들까지 모두 함께 하는데, 음식 만들고 제 올리는 명절의 주요 행사를 제외하면 아이들은 늘 무엇을 하며 놀까 궁리한다. 아직 어리기 때문에 아이들끼리 밖에 나가서 놀라고 하기에는 다소 무리가 있고, 그렇다고 매번 어른 한 명이 따라나서 주기에도 마땅치 않다. 그래서 우리 집에서는 명절이 되면 늘 거실에 모여 앉아 윷놀이를 한다.

윷놀이를 할 때마다 아들과 조카들은 한결같이 나와 함께 하자고 졸라댄다. 어른이 많은데도 굳이 나한테 함께 놀자고 하는 데에는 그럴 만한 이유가 있다. 나는 아이들과 윷놀이를 하면 아이들과 똑같은 수준으로 논다. 우리 편이 이기기를 바라며 온 힘을 다한다. 뭐 봐주고 이런 거 없다. 윷을 던져 원하는 대로 잘 나오면 엉덩이를 흔들며 춤을 추기도 하고, 뜻대로 잘 나오지 않으면 울상을 지으며 투덜거리기도 한다. 곁에서 지켜보는 다른 어른들은 쯧쯧 혀를 찬다. 다 큰 어른이 애들이랑 똑같이 군다며 면박을 주기도 하고, 좀 봐주면서 하라고 옆구리를 쿡쿡 찌르기도 한다. 아내는 나더러 뭘 그렇게 사생결단을 내듯이 윷을 던지냐고 웃는다.

아이들의 반응은 어른들과는 사뭇 다르다. 내가 윷놀이에 푹 빠져 놀듯이 아이들도 함께 집중한다. 윷놀이를 하는 동안에는 산만하지도 않고, 장난도 치지 않는다. 다들 눈이 동그래져 윷놀이 자체를 즐긴다. 다 함께 웃고, 울고, 아주 난리가 난다.

아이들을 상대할 때에는 '놀아주는 것'과 '함께 노는 것'의 차이를 명확하게 구분해야 한다. 억지로 놀아주는 것은 차라리 놀아주지 않는 것만 못하다. 아이들이라고 해서 모르는 게 아니다. 지금 이 사람이 나와 함께 정말 재미있게 놀고 있는 것인지, 아니면 억지로 놀아주는 척하는 것인지 귀신같이 안다. 억지로 놀아주는 척하면, 아이들도 별로 재미를 느끼지 못한다. 오히려 억지로 놀고 있다는 생각에 스스로도 부담을 느끼게 된다. 어차피 시간을 들여 놀 거라면 '확실하게' 노는 게 낫다. 함께 하는 사람들의 수준에 맞춰 놀이에 집중하는 거다. 신기한 것은, 내가 집중하면 할수록 나 자신도 재미를 느끼게 된다는 거다. 언제 시간이 흘렀는지 모를 정도로 푹 빠진다.

일도 마찬가지고, 글쓰기도 똑같다. 무슨 일이든 '집중'을 하면 훨씬 더 높은 성과를 낼 수가 있다. '집중' 한다는 것은 '즐긴다'는 말이다. 일할 때는 일과 하나가 되어야 하고, 글 쓸 때는 잡념을 지워야 한다. TV 보면서 밥 먹고, 음악 들으며 공부하고, 담배 피우면서 운전하고, 스마트폰 보면서 대화한다. 워낙 자연스럽게 오랫동안 해 온 일들이라 너무 자연스럽게 행동하고 있다. 그러나 이것은 명백히 '집중하지 않는' 행동이다.

사람들은 두 가지 혹은 세 가지의 일을 동시에 하는 것을 마치 자신의 능력인 양 자랑스럽게 생각하는 경향이 있다. 아무리 능력 탁월한 사람도 동시에 두 가지 일을 한다는 것은 불가능에 가깝다. 단지 이쪽 저쪽으로 신경이 빨리 움직일 뿐, '동시'에 하는 것은 아니다. 결국 한 가지 일에 집중할 때보다 그 성과는 떨어질 수밖에 없다. 그래도 자신은 두 가지 일을 동시에 할 수 있다고 믿는 사람들이 있다. 만약 당신의 부모나 자식이 운전하면서 스마트폰을 만지작거리고 있다고 생각해 보라. 아찔하지 않은가!

무슨 일이든 집중하는 습관을 길러야 한다. 그래야 자신이 바라는 이상의 성과를 만들어낼 수 있다. 특히 사람을 대할 때에는 더욱 몰입해야 한다. 대화를 나누는 도중에 딴짓을 하거나 집중하지 않는 것은 그 사람에 대한 기본적인 예의가 아니며, 그 '딴짓'에도 별 성과를 볼 수가 없다.

나이 오십은 얼마나 위대한가

"우리가 함께하는 사람이나 함께 일하는 사람들은 우리의 관심을
온전히 받을 권리가 있다."
– 데이브 크렌쇼

　바쁜 세상이다. 하루에 해야 할 일이 한두 가지가 아니다. 그
러다 보니 한 가지 일에 집중하기가 어려워진 것도 사실이다. 그
래도 여러 가지 일을 한꺼번에 처리하는 것보다는 한 가지라도
몰입하여 제대로 이뤄내는 것이 훨씬 좋지 않을까. 지금 이 순간
에 집중할 수 있는 힘. 이것이 우리 삶을 더 행복하게 만든다.

내 삶과 하나 되는 마음

2014년 5월. 인력시장에 처음으로 발을 들였다. 가족의 생계를 위해 돈을 벌어야 했고, 막노동 외에는 할 수 있는 일이 아무것도 없었기 때문이다. 새벽 5시 30분, 동이 트기도 전 낯선 삶으로의 출발은 두려움과 불안함으로 가득했다. 바닥에서의 삶을 견뎌낼 수 있을지, 혹시 이렇게 나의 삶의 완전히 바뀌어버리는 것은 아닌지 머릿속이 복잡했다.

서울 한복판에서 양복 입고 넥타이 매고 대기업 배지 가슴에 달고 남부럽지 않게 살았던 나는 그렇게 가장 낮은 곳에서 삶을 시작했다. 첫날, 내가 받은 일당은 9만 원이었다. 부모님을 비롯한 가족이 먼지투성이가 된 내 모습을 보면 가슴 아파할 것 같아 재래시장 화장실에 들러 대충 씻고 옷을 갈아입었다. 그러고는 집으로 돌아오는 길, 나는 쏟아지는 눈물을 한없이 닦아야 했다.

나이 오십은 얼마나 위대한가

힘들었다. 몸이 부서질 것 같았다. 매일 새벽, 오늘은 또 어디서 어떤 일을 하게 될지 초조했고 두려웠다. 갈수록 몸은 지쳐갔고, 마음은 더욱 황폐해졌다. 적응되어 간다는 사실이 가장 견디기 힘들었다. 바로 옆에서 일하던 사람이 목숨을 잃은 경우도 있었다. 5미터 높이의 지붕에서 추락해 팔목이 부러지는 모습을 눈앞에서 지켜보기도 했다. 일꾼끼리 싸움이 붙어 크게 다치는 경우도 많았다. 작업 도구를 잘못 사용해서 위험에 처하는 상황도 흔했다. 막노동 현장은 내가 짐작했던 것보다 훨씬 더 거칠고 험했다. 나는 그 속에서 점점 단단해졌다.

글 쓰면서 버텼다. 부정할 수 없는 현실을 받아들이고, 막노동꾼의 삶에서 내가 얻을 수 있는 모든 것을 얻겠다고 다짐했다. 바닥의 삶에서 가장 먼저 배운 것은 그들의 아픔이었다. 나는 세상에서 내가 가장 힘들고 고통스럽다고 생각했었다. 그러나 막노동꾼들이 가슴속에 묻고 있는 아픔들은 상상을 초월했다. 나만 힘든 것이 아니라는 사실, 세상 많은 사람이 각자 자신만의 고통을 짊어지고 살아간다는 사실이 더할 수 없는 위로와 위안이 되었다. 나보다 훨씬 더한 역경 속에서도 꿋꿋하게 살아가는 사람들을 보면서 용기와 희망을 품게 된 거다.

어느 순간부터 일을 즐길 수 있었다. 하루 일당을 벌기 위해 온몸을 혹사시켜야 한다는 강박에서 벗어나, 글감을 찾고 생각을 단련하며 삶의 깊이를 더해간다는 적극적인 생각을 하기 시작했다. 두 가지 원칙을 정했다. 첫째, 일은 결코 사람을 이길 수 없다! 둘째, 반드시 웃는다!

　내가 변하니까 현장도 바뀌었다. 막노동의 현장은 더 이상 내게 두려움의 대상이 되지 못했다. 일에 끌려다니던 내가 일을 주도하기 시작했다. 똑같은 양의 일을 하고 똑같은 시간에 쉬는데도 나는 훨씬 더 여유로워졌다. 정신없이 일만 하던 내가 매 순간 생각이란 걸 할 수 있게 되었다.

　막노동을 통해 많은 것을 얻었다. 아픔과 고통을 이겨내는 방법을 배웠고, 세상을 살아가는 삶의 방식에 대해 이해하게 됐다. 사람이 가진 본성을 바라볼 수 있게 되었고, 일을 대하는 마음가짐을 공부할 수 있었다. 돈의 소중함을 깨달을 수 있었고, 가족의 소중함을 다시 느낄 수 있었다. 무엇보다 지금 내가 가진 것에 감사할 줄 아는 마음을 배우게 됐다.

　2017년 3월. 막노동판에서 떠났다. 강의를 해야 했고, 늘어난 수강생들의 원고를 검토해야 했으며, 내 글도 써야 했기 때문이다. 아울러, 먹고 살 만큼의 돈도 벌기 시작했기 때문이었다. 새로운 삶을 시작했다. 더 이상 두려운 마음도, 불안한 마음도 없었다.

　자신이 원하는 대로 삶의 방향이 정해진다면 얼마나 좋을까. 그러나 우리 삶은 늘 변수가 생기기 마련이다. 하기 싫은 일을

　　　　　　　　　　나이 오십은 얼마나 위대한가

해야 할 때도 있고, 보기 싫은 사람을 만나야 할 때도 있다. 그럴 때마다 힘들고 고통스러운 마음 가득하다면 참 불행할 테지. 내 경험에 비추어보자면, 가장 고통스러운 것은 하기 싫은 일을 할 때가 아니었다. 하기 싫은 일을 좋아하는 척하면서 할 때 가장 힘들었다. 가식적이고 위선적인 태도는 나의 정신을 갉아먹는 대단히 위험한 자세이다. 그럴 거면 차라리 하기 싫다고 욕을 하고 인상을 쓰면서 하는 편이 낫다. 물론, 부정적인 태도로 일하는 것도 바람직하다고 볼 수는 없다.

마주한 일을 온 마음을 다해 받아들여야 한다. 최소한 그 순간만큼은 이것이 나의 삶이라는 마음으로 하나가 되어야 한다. 막노동은 그렇게 내 삶이 되었고, 덕분에 이겨낼 수 있었다.

34개월이라는 시간 동안 제 삶을 지탱해 준 '노가다'. 감사하다는 말 꼭 전하고 싶다. 마주하는 모든 일들을 내 삶으로 받아들일 수 있기를.

기본을 지키는 자세

K 대학교에서 강의를 한 적 있다. 그때 참석했던 4학년 졸업반 학생으로부터 연락이 와서 잠시 만나게 됐다. 집 근처까지 와서 차 한 잔을 나눴다. 역시 젊은 친구인 만큼 패기와 열정 가득했다.

"작가님, 이번에 작은 회사에 취직을 했습니다. 비록 남들 눈에는 보잘것없는 회사지만, 열심히 배우고 일하면서 성장하겠습니다. 지켜봐 주십시오."

지난번에 만났을 때는 취업에 관해 고민하느라 얼굴에 수심 가득했는데, 아마도 괜찮은 직장에 들어가게 된 모양이었다. 내 일처럼 기뻤다. 취직했다는 소식도 기뻤지만, 환하게 웃는 그 학생의 모습 자체가 흐뭇했던 거다. 진심으로 축하해 주었다.

바쁜 일정 탓에 오랜 시간 애기를 나누지는 못했다. 우리는

나이 오십은 얼마나 위대한가

차 한 잔을 비우고는 바로 자리에서 일어섰다. 문제는 그때부터였다. 빈 찻잔과 휴지 등 테이블을 정리해야 하는데, 자신이 하겠다며 들고 간 학생은 선반 위에 그냥 툭 올려놓고 돌아서는 거였다. 직원이 따로 있어서 분리수거를 하는 곳도 있긴 하지만, 우리가 간 곳은 차를 마신 손님이 직접 수고를 해야 하는 찻집이었다. 슬쩍 물었다. 정리 좀 제대로 해야 하는 것 아니냐고.

"직원들이 다 알아서 할 겁니다."

찻집을 나서면서 또 한 번 눈에 거슬리는 행동을 보게 되었다. 그는 찻집을 나서기가 무섭게 바닥에 침을 툭 뱉었다. 그것도 목을 쥐어짜고 기침을 해가며 가래침을 연달아 뱉어냈다. 곁에 있던 내가 아주 민망스러울 정도였다. 버스 정류장에 가까이 다가서자 그는 담배를 꺼내 불을 붙였다. 버스 정류장 10미터 이내에서는 금연하도록 규정되어 있는데, 뭐 그런 건 안중에도 없어 보였다. 게다가 다 피운 담배꽁초를 아무 데나 툭 버리기까지. 이 말도 슬쩍 던져 봤다. 학생의 대답은 변함없었다.

"괜찮아요. 경찰도 없는데요, 뭐."

괜찮은 회사에 취직을 했다고 했다. 앞으로 열심히 일하겠다고도 말했다. 승진도 하고, 돈도 벌고, 결혼도 하고, 자식도 낳겠지. 사회적인 지위와 명성을 가지게 될 수도 있을 거다. 조직의 리더가 될 수도 있고, 권력도 가질지 모르겠다. 어쩌면 많은 사람이 말하는 성공이란 걸 이루게 될지도.

가능하다면, 처음부터 다시 배웠으면 좋겠다. 자신이 있었던 자리의 뒷정리를 대충 하는 것, 아무 데나 침을 뱉는 것, 공공장소에서 담배를 피우는 것…. 사실 이런 것들은 어찌 보면 대단히 사소한 문제일 수 있다. 그러나 중요한 것은 이런 행동 자체가 아니다. 문제는 이런 행동들을 사소하게 여기는 마음가짐이다.

성공만을 바라보며 회사에 다녔던 시절 있었다. 회사 내에서 인정받고 돈을 많이 버는 것 외에는 아무것도 신경쓰지 않았다. 내가 하는 사소한 행동 하나가 주변 사람들에게 어떤 영향을 미치는지 전혀 고려하지 않았다. 나만 잘 살면 된다는 생각뿐이었다.

높은 산을 오를 때, 발을 삐끗하는 사람도 있고 돌부리에 걸려 넘어지는 사람도 있다. 흔한 일이다. 그러나 커다란 바위에 깔려 다치는 경우는 극히 드물다. 거의 일어나지 않는 사고다. 우리 삶도 마찬가지다. 감당하기 힘든 엄청난 문제에 부딪치는 경우는 잘 없다. 대부분 사소한 문제들로 인해 마음에 상처를 입거나 무너지게 되는 것. 사소한 문제들. 기본으로 돌아가지 않으면 아무리 성공해도 쉽게 무너질 수밖에 없다. 내가 그랬다. 돈 많이 벌어도 금세 잃게 된다. 여기저기 작은 구멍이 난 항아리에는 아무리 물을 채워봤자 소용없다. 함께 살아가는 세

나이 오십은 얼마나 위대한가

상에서 다른 사람의 눈살을 찌푸리게 만드는 행동들이 쌓이다 보면, 어느새 자신의 주위에는 똑같은 인간들만 남게 된다는 사실을 명심해야 한다.

별로 대수롭지 않다고 여기는 아주 작은 규칙들을 하나씩 제대로 지켜나갈 때, 부끄럽지 않은 내 모습이 매 순간 자존감으로 쌓여간다. 밤하늘의 별이 아름다운 이유는 아주 작은 별일지라도 자신의 자리를 지키고 있기 때문이다. 깜빡이는 신호등, 줄서기 등 초등학생도 알 만한 사소한 삶의 규칙들을 철저하게 지키는 하루. 이런 날들이 쌓여 탄탄한 인생이 된다.

5장

태도

분노와 후회

    오래전, 대전에서 [작가 수업]을 진행할 때 있었던 일이다. 오후 1시 10분까지 강의장을 비우기로 모임공간 대표와 사전에 약속하고 수업을 진행했다. 그런데 1시쯤 되었을 때 대표가 문을 열고 들어와 방을 빼달라고 말했다. 그때부터 이미 나는 기분이 좋지 않았다. 아직 10분이나 남았는데 왜 저래. 그런데 잠시 후 다른 직원이 또 문을 열고 들어와서 방을 빼달라는 거다. 분명히 약속한 시간이 남아 있었고, 사용료는 이미 지불을 완료한 상태였는데 수업이 끝나지도 않은 강의실에 두 번씩이나 벌컥 들어와서는 방을 빼달라고 하는 대표와 직원의 태도를 도무지 받아들일 수가 없었다.

    순간적으로 분을 참지 못한 나는 그 자리에서 소리를 버럭 질렀다. 아직 시간이 남아 있는데 왜 자꾸 수업 중에 들어오는 겁니까! 모임공간의 대표와 직원은 미안하다고 말하기는커녕 되려 소리를 지른다. 제시간에 방을 빼달라고 안내했을 뿐인데 왜 소리를 지르는 거냐고. 앞서 수업 중에 문을 열고 들어온 사실에 대해서는 한 마디 사과도 없이, 이후로는 내가 소리를 질렀다는 부분만 물고 늘어지는 거다. 그러더니 하는 말이, 소리를 질러서 다른 강의실에 방해가 됐으니 '영업방해'로 경찰을 부르겠다고.

수강생들을 모두 보내고, 그 이후로도 실랑이가 계속됐다. 대구로 내려가는 열차 시간도 다가오고, 더 이상 말을 섞어봤자 답이 나오지 않을 것 같아서 적당히 마무리하고 모임공간을 나왔다. 대전역까지 걸어가는 동안 뜨거운 콧김이 멈추질 않았다. 날씨가 추운지 어떤지 느껴지지도 않았다. 혼자서 길을 걷는데 중얼중얼 욕설이 계속 튀어나왔다. 별생각이 다 들었다. 소비자보호센터에 전화를 걸어서 신고를 해버릴까. 다시 돌아가서 멱살잡이를 하고, 진짜 영업 방해라도 한 번 해볼까. 생각할수록 분통이 터지고 어이가 없었다. 함께 수업을 들은 수강생들이 피해를 입었다는 생각에 더 화가 났다. 도저히 이대로는 견딜 수가 없다며 화가 머리끝까지 오른 상태로 집에 돌아왔다.

그 후로 일주일 동안, 나는 하루에 한 번 이상 그 일을 떠올렸다. 처음 이틀 정도는 입맛이 없을 정도로 화가 삭혀지질 않았

나이 오십은 얼마나 위대한가

다. 그러다 사흘쯤 되니까 마음이 조금씩 진정되었다. 나흘이 되고 닷새가 지나니까 서서히 그날의 분노가 사라지기 시작했다. 아무리 화가 났다 하더라도 소리를 지른 건 잘못이었어. 내가 소리만 지르지 않았더라면 대표와 직원에게 꼬투리 잡힐 일도 없었잖아. 조용히 수업을 마친 후 정상적으로 따지고 들었다면, 오히려 그 두 사람들 꼼짝 못 하게 만들 수도 있었을 텐데. 문제의 발단은 그 두 사람이었지만, 일을 크게 만든 건 내 책임도 커.

2주 차 수업을 위해 다시 대전 모임공간을 찾았을 때, 대표는 저를 보자마자 공손하게 사과를 건넸다. 그날, 생각지도 않게 무례를 범한 것 같아 너무 죄송하다고. 나도 잘한 것 하나 없다고 사과를 받았다. 좋은 마음으로 해결하고 나니까 한결 마음이 가벼워졌다.

믿었던 사람에게 뒤통수를 맞았을 때, 나는 가장 화가 많이 난다. 필요할 때는 간, 쓸개 다 빼줄 것처럼 밤낮으로 전화를 걸어오다가, 본인의 목적을 달성하고 나면 언제 그랬냐는 듯 연기처럼 사라지는 사람들을 볼 때면 속에서 천불이 난다. 내가 하는 말이나 행동의 참뜻을 알지 못하고 제멋대로 오해를 하며 소문을 내는 사람들을 만날 때면 참을 수가 없다. 뒤에서 이러쿵저러쿵 남의 흉을 보면서 서로 이간질하는 인간을 보면 머리를 한 대 꽉 쥐어박아 주고 싶다. 하루에도 몇 번씩 출렁이는 마음,

나는 이런 '분노'를 안고 살아간다.

    화를 내면 마음이 참 불편하다. 속상하고 원통하고 억울하고 슬프다. 엄청난 스트레스를 한꺼번에 받게 된다. 여러 가지 감정 중에서도 '화'는 가장 중요하고도 어려운 감정인 듯하다. 무조건 눌러 삭히기만 해서는 결코 이롭지 않다. 오히려 감정적인 문제가 쌓이고 쌓여 더 큰 문제를 야기할 수도 있다. 그렇다고 해서 아무 데서나 화를 마구 폭발시킬 수도 없는 노릇이다. 만약 화가 날 때마다 폭발했다간, 온 세상에 폭동이 일어나고 말 거다. 그렇다면 우리는 대체 이 '분노'의 감정을 어떻게 처리해야 할까?

    모임공간 소동이 일어난 당일 저녁, 나는 집에서 혼자 생각을 했다. 도저히 그냥 넘어갈 수 없다. 컴퓨터를 열고 소비자보호센터에 접속해서 고발을 해야겠다는 결심이 섰다. 그러다 문득 이런 생각을 했다. 딱 사흘만 지나고 보자. 그래도 여전히 지금처럼 화가 난다면, 그때는 무조건 고발한다. 만약, 사흘 후에 내 감정이 지금 같지 않다면, 없던 일로 여기고 그냥 넘어간다. 이렇게 생각하고 컴퓨터를 닫았다.

    시간은 생각보다 꽤 많은 것을 해결해준다. 격한 감정을 가라앉게 만들어주고, 미워하는 마음을 사라지게 하고, 엄청나게 큰 문제로 여겨졌던 일들을 소소하게 만들어준다. 시간이 더 지난 지금, 모임공간에서 있었던 일들을 이렇게 글로 쓰면서 나는 여러 번 얼굴이 달아올랐다. 별것도 아닌 일에 내가 왜 그렇게 열을 냈을까 싶은 마음에 참 부끄럽기 그지없다.

우리가 무슨 도에 통달한 사람도 아니고, 화가 날 때마다 즉시 감정을 다룬다는 것은 거의 불가능하다. 욱할 수도 있고, 소리를 지를 수도 있겠지. 그러나 딱 거기까지다. 분노라는 감정이 2차, 3차 또 다른 감정의 문제로 이어져서는 곤란하다. 그럴 때에는 잠시 멈추고 하루나 이틀 혹은 사흘 정도의 시간을 흘려보내는 것이 좋은 방법이 될 수 있다. 경우에 따라 차이는 있겠지만, 어느 정도의 시간이 흐르고 나면 감정은 대부분 가라앉기 마련이다.

나는 후회를 많이 하면서 살았다. 그래서 삶의 철학이 '후회할 짓을 저지르지 말자'이다. 소비자 보호센터에 고발하지 않은 것이 얼마나 다행인지 모른다. 별것도 아닌 일로 고발을 하고, 일을 크게 만들어서 서로 다투고 상처 주고, 그래서 기어이 내가 이겼다 한들, 나한테 뭐 그리 대단한 행복일까? 타인의 꿈을 이루는 데 도움을 주며 살아가겠다는 내 인생의 비전과 모임공간 대표와의 사사로운 시비. 이 두 가지는 너무나 격이 다르고 어울리지 않는다. 혹시 오늘을 보내다가 울컥 화가 나는 일이 생긴다면, 잠시만 멈춰 심호흡 크게 하고 시간에게 맡겨 보는 것도 좋은 방법일 것 같다.

내 삶의 통제권을 갖다

강의를 들으면서 꾸벅꾸벅 존 적은 있지만, 무대에서 강의를 할 때 졸음이 온 적은 없다.

관객은 영화를 보면서 지루할 때도 있지만, 영화 촬영현장에서 감독이 지루해하는 경우는 없을 거다.

택시를 탄 손님은 손잡이를 꼭 부여잡을 때가 있지만, 택시 기사는 두려운 마음으로 운전하지 않는다.

어떤 일이나 상황의 통제권을 내가 쥐고 있으면, 지루하지도 않고 무기력하지도 않다. 의욕에 넘치며 매 순간 집중할 수 있다. 이처럼 삶의 통제권을 쥔다는 사실은 매우 중요하다. 내 삶이 누군가의 손에 의해 끌려가게 두는 것이 아니라 스스로 통제하며 이끌어 나가야 한다는 말이다. 대부분 사람은 자신이 스스로의 삶을 통제하고 있다고 착각하며 살아간다. "내 삶인데, 당연히 내가 통제하는 거 아냐?"

오늘 아침 눈을 뜰 때 무슨 생각을 했는지, 하루를 보내면서 내 마음속에 가득 찼던 생각들은 어떤 것들이었는지 한 번 생각해 볼 필요가 있다.

어디 한 번 두고 보자!
김 부장 때문에 미치겠네!
어떻게 나한테 그럴 수가 있어!
그러고도 잘 되나 보자!
괴롭고 슬프고 우울하다!
견디기가 힘들다!
화가 나서 참을 수가 없다!
차라리 죽고 싶다!

하루에도 몇 번씩 우리 마음 속에 움트는 이런 생각들은 결국 내가 아닌 타인에 의해서 혹은 주변 상황이나 환경에 의해 생겨나는 것들이다. 내가 주도한 생각들이 아니라, 외부 환경에 의해 생겨나는 '어쩔 수 없는' 생각들이란 말이다. 바로 이 '어쩔 수 없는'이란 말 자체가 삶의 통제권을 잃었다는 뜻이다.

화가 나는 일이 생겼을 때, 순간적으로 모든 감정을 내려놓고 평온을 찾기란 불가능에 가깝다. 그러나 이런 불편한 마음을 오랜 간직할수록 자신만 손해이다. 최대한 빠른 시간 내에 부정적인 감정을 내려놓는 것이 스스로를 위한 최선의 길이다. 이렇게 내 감정을 추스르고 건강하고 밝은 마음과 생각을 갖도록 노력하는 것이 삶의 통제권을 손에 쥘 수 있는 방법이다. 긍정적인 생각을 갖는 것은 쉽지 않다. 그래서 노력이 필요하다. 인간은 긍정보다는 부정 쪽에 더 쉽게 물드는 경향이 있기 때문이다.

그렇다면 어떻게 해야 불편한 감정을 내려놓고 평온함을 유지할 수 있을까? 명상, 수행, 운동, 독서 등 여러 가지 방법이 있겠지만 나는 그중에서도 글쓰기의 힘이 단연코 최고라고 생각한다. 감정을 내려놓으라는 말을 수도 없이 해왔지만, 사실 이 감정이란 것이 내려놓겠다고 해서 내려놓아지는 그런 만만한 놈이 아니다. 자연스럽게 일어났다가 시간이 지나면 가라앉는 것이 감정인데, 이것을 인위적으로 누르고 가라앉힌다는 것이 어쩌면 모순일 지도 모른다. 감정을 다스리는 최고의 방법은 있는 그대로의 감정을 인정하고 받아들이는 것이다. 감정은 스스로 인정받았을 때 흔적도 없이 사라진다.

내가 지금 화가 났구나!
내가 지금 억울한 마음이구나!
그 친구 때문에 속상하구나!
왠지 모르게 우울한 상태구나!

나이 오십은 얼마나 위대한가

이렇게 내 감정을 자꾸 읽어주다 보면, 어느새 폭발할 것 같았던 감정이 조금씩 누그러지는 것을 알 수 있다. 그런데 여기에는 또 하나 문제가 있다. 천장을 바라보며 자신의 감정을 읽으려 애쓰다 보면 점점 감정이 폭발하는 경우도 적지 않다는 것. 머릿속으로 생각만 할 때는 감정이 잘 다스려지지 않는다는 말이다. 그래서 글쓰기가 필요하다. 내 감정 상태를 제대로 들여다보고, 그것이 잘못된 것이 아니라 지극히 정상적인 반응임을 일깨워주어야 한다. '이러면 안 돼!'가 아니라 '그래, 괜찮아'라는 다독거림이 필요한 거다.

> "자신에게 너그러운 태도로 글을 썼던 사람들이 느끼는 행복은 40% 더 높았고, 분노는 24% 더 낮았다. 감정을 글로 표현하면 역경을 다루고 극복하는 데 유익하다."
> − 〈옵션 B〉, 셰릴 샌드버그, 애덤 그랜트 저

사람의 감정이란 것이 좋을 때도 있고 그렇지 않을 때도 있다. 당연한 말이다. 그러나 이런 감정의 변화가 '내'가 아닌 '타인'의 손에 좌지우지되는 경우가 너무 많다는 사실이 문제다. 하루만 잘 관찰해봐도 이런 사실을 명확히 알 수 있다. 나 자신이 주변의 환경이나 타인에 의해 얼마나 휘둘리고 있는지. 물에 휩쓸려 이리저리 떠다니는 부목이 되어서는 안 된다. 스스로 삶을 통제하는 파도가 되어야 한다. 누구도 내 삶을 흔들도록 그냥 두지 마라.

"아침에 일어나면 자신에게 이렇게 말하라.
오늘 내가 만날 사람들은 내 일에 간섭할 것이고,
고마워할 줄 모를 것이며,
거만하고,
정직하지 않고,
질투심 많고,
무례할 것이다.
하지만 그들 중 누구도 나를 해칠 수 없다!" - 〈명상록〉, 아우렐리우스

매일 글을 쓰고, 스스로의 감정을 인정하고, 그래서 타인의 말이나 행동에도 배려와 용서로 대응할 수 있을 때 비로소 진짜 '내 삶'이 될 수 있다. 삶의 통제권을 두 손에 움켜쥐는 하루하루. 멋지지 않은가!

모든 순간 선택할 자유

글쓰기 일일특강이 있던 날이었다. 천안행 열차를 탔다. 금요일이라 그런지 꽤 많은 사람이 객실을 가득 채우고 있었다. 열차나 버스를 타면 흔히 볼 수 있는 광경이지만, 그날따라 특히 좀 심한 것 같았다. 내가 앉은 자리의 오른쪽 앞에는 나이 지긋한 아저씨 두 명이 쉴 새 없이 수다를 떨고 있었고, 그 옆으로는 4인석에 가족이 함께 앉아 시장통마냥 소란스럽게 이야기를 나누고 있었다. 그 외에도 스마트폰을 들고 큰 소리로 떠드는 사람 천지였다. 조용히 앉아서 책을 읽거나 상념에 잠겨 혼자만의 여행을 즐기려는 나 같은 사람에게는 참 짜증 나는 일이 아닐 수 없었다. 이어폰을 귀에 꽂고 볼륨을 높여 보지만, 시끌벅적한 소음은 여전히 줄어들지 않았다.

어떻게 해야 할까? 잠시 고민에 빠졌다. 주위 사람들을 아랑

곳하지 않고 열차 객실 안에서 소란을 피우는 저들에게 다가가
좀 조용히 하라고 한마디 해야 하는 걸까? 아니면 부글부글 끓
는 속을 진정시키고 꾹꾹 참아가며 천안까지 갈 것인가? 잠시
생각한 끝에 노트북을 펼쳤다. 그리고 글을 쓰기 시작했다. 희
한하게도, 글을 쓰기 시작한 후로는 조금 전의 소음들이 그리 크
게 들리지 않았다. 머리와 가슴과 눈과 손, 이렇게 네 곳의 신체
부위가 한꺼번에 집중할 수밖에 없는 행위! 오직 글쓰기뿐이다.

사업에 실패하고 삶의 전부를 잃었을 때, 나는 알코올 중독에
빠졌다. 무려 2년 하고도 2개월이란 짧지 않은 시간. 마시면 마
실수록 정신이 또렷해졌다. 현실을 부정하고 잊기 위해 술을 마
셨는데, 점점 더 처참한 현실 속으로 빠져들었다. 계속해서 술
을 마실 수밖에 없었다. 그리고는 앞에 앉은 친구, 선배, 동료들
에게 말했다. 나 이렇게 망가졌다! 난 이제 모든 것이 끝났다!
앞으로 내 인생이 어찌 될지 눈앞이 캄캄하다!
   그렇게 신세 한탄을 한 후에는 어김없이 눈물을 쏟아냈다. 나
를 둘러싼 사람들의 옷가지를 붙잡고 늘어지며 늦은 밤까지 오
열하곤 했다. 그럴 때면 사람들은 항상 내 어깨를 두드리며 말
했다. *쯧쯧쯧…… 힘내라……*

한때는 그렇게 생각했다. 세상이 나를 무너지게 만들었다고.
그래서 술을 마신 것도, 모든 것을 잃은 것도, 세상의 뒤편으로

나이 오십은 얼마나 위대한가

팅겨 나간 것도, 모두가 세상 탓이라 여겼다. 나는 사람들에게 동정을 바랐다. 누군가 나를 좀 위로해주고, 누군가 나에게 적선이라도 좀 해주길. 스스로 할 수 있는 일이 없다고 판단했고, 책임을 회피했다. 그 결과, 나는 끝도 없는 나락으로 추락하고 말았다.

　다시 일어서겠다는 결심을 했을 때 내가 가장 먼저 마음먹었던 것은, 앞으로 어떤 일이 있어도 내 삶에 대한 평계를 외부에 두지 않겠다는 각오였다. 어떤 사건도, 어떤 사람도, 어떤 상황도 결코 내 삶을 좌우하도록 그냥 두지 않겠다고 마음먹었다. 인생에서 모든 선택은 내가 하며, 그에 따른 책임도 모두 스스로 지겠다고 결심했다.

　책과 글쓰기를 선택했다. 그리고 타인의 삶에 도움이 되는 인생을 살아가기로 마음먹었다. 지금도 그 선택에 후회를 남기지 않기 위해 최선을 다하며 살아가고 있다. 열차나 버스 안에서 소란을 떠는 것은 분명 잘못된 행위다. 타인에게 피해를 주는 거니까. 그러나 세상 사람들이 모두 내 마음 같지는 않다. 때로는 어이없는 행동을 하는 사람도 많고, 도저히 이해되지 않는 행동과 말을 하는 사람도 적지 않다. 그러나 이런 사람들은 모두 내가 아닌 외부의 환경이다. 외부 환경을 내가 통제하려 하면 상당한 스트레스를 받게 된다. 이럴 때에는 내가 선택할 수 있는 방법 중에서 최선을 골라야 한다. 저들에게 다가가 조용하라고 말하면 결과에 상관없이 내 기분도 좋지 않을 테고. 그날 진행할 강의에도 분명 영향을 미쳤을 거다. 나는 글을 쓰기로 선택했다. 글을 쓰는 동안, 주변 세상은 귀가 멍할 정도로 고요해진다. 역시 나의 선택은 훌륭했다.

살아가는 동안 많고 다양한 일들이 일어난다. 견디기 힘든 고통, 어처구니없는 사고, 배신, 누명, 실수와 실패 등 부정적인 일들도 참 많다. 그럴 때마다 분통을 터뜨리며 화를 내기에는 삶이 너무 아깝다. 인생은 선택의 연속이다. 무엇보다 행복한 소식은, 우리에겐 언제나 선택할 자유가 있다는 사실이다. 어떤 일이 생겨날지 선택할 수는 없지만, 어떤 태도를 취할 것인지 선택할 자유는 있다. 열차 안에서 떠드는 사람들을 어찌할 방법은 없지만, 내가 무슨 일을 할 것인가를 선택할 자유는 충분하다.

속상하고 답답한 일들을 피해 갈 수는 없다. 명심해야 할 점은, 내 삶을 선택할 자유가 언제나 나에게 있다는 사실. 심호흡을 크게 하고 웃으면서, 이제 선택하는 거다. 행복하게 살 권리! 조급한 마음을 버리고, 오늘 하루도 내 삶의 소중한 경험이라는 마음을 잊지 말았으면 좋겠다.

삶을 대하는 태도

습관처럼 내 삶을 이루었던 것은 "나중에"라는 단어였다. 일단은 돈 많이 벌고 부자가 되어야 했고, 그 외 모든 것은 뒤로 미루며 살았다. 가족 챙기며 정겹게 살아가는 것도, 나이 드신 부모님을 모시는 것도, 친구들과 즐거운 시간을 보내는 것도 모두 나중 일이었다. 내게 중요한 것은 오직 돈을 많이 버는 것뿐이었다.

내 인생에서 가장 힘들었던 시기에, 내 머릿속을 가득 채웠던 것은 분노와 원망이었다. 도대체 내가 뭘 그리도 잘못했기에 한꺼번에 삶의 모든 것을 잃어야 하는가! 그토록 열심히 살았는데, 돈을 많이 벌겠다는 욕망이 하루아침에 바닥으로 떨어져야 할 만큼 지독한 죄악인 것인가! 세상은 왜 나에게 이런 가혹한 시련을 겪게 하는가! 왜 하필이면 나인가! 나는 상황을 탓했고, 현실을 부정했으며, 완벽하게 무기력에 빠져 살았다.

글을 쓰고 난 후부터, 많은 것들이 바뀌었다. 그중에서도 특히 중요한 사실이 두 가지 있다. 하나는, '나중에'라는 단어가 내 삶에서 사라졌다는 점이다. 다른 하나는, 삶의 대한 책임과 선택의 자유는 언제나 "나에게 있다"는 생각을 가지게 되었다는 사실이다.

나는 글 쓰는 삶을 살고 싶었다. 작가가 되길 원했다. 그러고는 방법을 찾았다. 내일 작가가 되기 위해 내가 선택할 수 있는 방법은 오직 하나뿐이었다. 오늘 글을 쓰는 것! 내일 내가 원하는 모습이 되기 위해, 내일 내가 바라는 것을 이루기 위해, 선택할 수 있는 것은 바로 지금 이 순간 내가 무엇을 해야 하는가를 결정짓는 일이다.

지극히 단순한 이 사실을 무시한 채 살아가는 사람이 많다. 내일의 모습은 선명히 그리면서도, 오늘은 허망하게 보내는 경우가 허다하다. 진정으로 바라는 내일의 모습이 있다면, 그 모습을 만들어가는 과정은 바로 오늘에 있다. 지금 이 순간 우리가 하고 있는 생각과 행동과 말이 내일의 '나'를 결정짓는 요소다. 내일 작가가 되고 싶다면, 오늘 글을 써야 한다!

그리고 또 한 가지. 살면서 만나게 되는 모든 고통과 시련의 순간들은 반드시 그 이유가 있으며, 그 이유는 오직 나로부터 비롯된다는 사실이다. 처음에는 이 사실을 받아들이기가 힘들었다. 내가 이렇게 무너진 것이 몽땅 내 탓이란 말인가! 물론 내가 잘못한 것도 없지는 않지만, 사회적인 환경이나 세상의 기준들이 마땅치 않았다는 것도 분명 사실 아닌가. 그러니 모두가 내 잘못이라고 인정하기에는 억울하고 분통이 터질 수밖에.

꽤 오랜 시간이 지나고서야 알게 됐다. 어떤 상황이나 환경 혹은 사건들이 일어났을 때, 이미 일어난 일들에 대해서는 내가 통제할 수 없는 것들도 꽤 많다는 사실을. 인생에서 우리가 유일하게 선택할 수 있는 자유는, 어떤 상황을 만드는 것인가 하는 문제가 아니라 그 상황을 어떻게 해석하고 받아들일 것이냐는 태도였다. 무너지고 쓰러지고 좌절하고 절망할 수도 있다. 세상을 향해 분통을 터뜨리고, 삶을 포기할 수도 있었다. 만약 그렇게 했더라도, 그것은 나의 선택이었다. 다른 선택을 했다. 글을 썼고, 책을 읽었으며, 책을 출간하고, 강연을 했다. 내가 겪은 삶의 고통을 다른 사람들에게 전하고, 이를 통해 다른 사람들 인생에 도움을 주고자 결심했다. 어떤 선택을 하든 개인의 자유다. 분명한 것은, 삶은 언제나 선택의 연속이며, 선택은 오롯이 '나의 몫'이란 사실이다.

'지금'을 살기 시작한 후부터 내 삶은 행복해졌다. 매 순간이 기적처럼 여겨졌고, 깨어있다는 느낌이 너무 좋았다. 글 쓰는 행위가 나로 하여금 늘 '지금'을 살게 만들어주었다. 어떤 상황이 생기든, 나에게 선택의 여지가 있다는 사실 또한 내 인생을 풍요롭게 만들었다. 힘들고 어려운 시간이 또 닥친다 하더라도,

이제 두렵지 않다. 그 시련의 시간들을 통해 무엇을 배울 것인지 고민하고, 배운 내용들을 또 다른 누군가에게 전할 것이다. 이것이 바로 내 삶의 가치이자 소명이다.

전과자가 되고 파산자가 되지 않아도, 알코올 중독에 걸리지 않아도, 막노동을 하면서 힘겹게 살아가지 않아도, 나란 사람을 통해 이 두 가지 사실을 제대로 알 수 있으면 좋겠다. 우리는 언제나 '지금'만을 살아간다. 아무리 힘들고 괴로운 시련이 닥쳐도, 그 시간을 통해 무엇을 배울 것인지 선택할 수 있는 기회는 항상 열려 있다. 행복한 삶을 위해 꼭 필요한 두 가지 요소이다.

핑계가 너무 많다

독감으로 식겁한 적 있다. 목감기로 시작해서 코감기에 기침, 그리고 고열까지 참 다양하게도 앓았다. '그까짓 감기'라고 생각했다가 큰코다친 셈이다. 열흘쯤 앓고 나서야 살 만하다 싶었다. 정신을 차린 후, 앓았던 며칠을 돌아보니 느낀 바가 많았습니다.

첫째는 당연히 건강의 중요성이다. 성공도 좋고 꿈도 좋고 열정도 좋지만, 건강하지 못하면 아무 소용 없다. 지금 건강하다면, 충분히 감사하는 마음을 가져야 하고, 지금 몸살이라도 났다면 건강에 대한 경각심 가져야 한다. 둘째는 자기관리다. 아무리 뜻한 바가 좋고 훌륭해도 스스로를 제대로 관리하지 못하면 의미를 잃는다. 자기 건강 하나 챙기지 못하는 사람이 큰일을 도모할 수는 없다. 이제 세 번째 느낀 바를 말하고자 한다.

몸이 아파서 글을 쓰지 못한 날들이 이어졌다. 몸이 아프니까. 열도 나고 기침도 심하니까. 콧물도 흐르고 목도 부었으니까. 그래서 글을 쓰지 않아도 별로 마음이 불편하지 않았다. 며칠쯤 키보드에서 손을 떼고 나니까, 이제 충분히 글을 써도 될 만큼 몸이 회복되었음에도 불구하고 나는 여전히 글을 쓰고 있지 않았다. 아직 감기가 덜 나았으니까. 괜히 무리하다가 감기가 심해지면 곤란하니까. 내일 써도 되니까.

살면서 꽤 많은 핑곗거리를 입에 달고 살았던 것 같다. 너무 바빠서, 몸이 아파서, 컨디션이 좋지 않아서, 날씨가 흐려서, 야근 때문에, 어쩔 수 없어서, 돈이 없어서, 나이가 적어서, 나이가 많아서, 차가 없어서.

나는 감옥에서 글을 쓰기 시작했다. 형편없는 재질의 종이와 볼펜으로 엄지손가락에 굳은살이 배길 정도로 매일 글을 썼다. 구닥다리 컴퓨터 한 대만 있어도 소원이 없겠다 싶었다. 돈이 너무나 절실해서, 감기와 천식이 겹쳐 숨을 쉬기 힘들 때에도 막노동을 나갔다. 추운 겨울에 목장갑 하나만 끼고 '공구리'를 쳤다. 빨간 딱지가 덕지덕지 붙은 집을 뒤로 하고 고향으로 내려왔다. 평생 모은 재산 몽땅 날리고, 빚만 산더미같이 안은 상태에서 매일 술만 퍼마셨다. 하루 세끼 따신 밥 먹는 것이 유일한 바람이었을 때도 있었다.

나이 오십은 얼마나 위대한가

몸이 아파도 억지로 참고 뭔가를 해야 한다는 말을 하려는 게 아니다. 변명을 하거나 핑계를 대서는 안 된다는 거다. 무슨 일을 하든 자기 자신이 가장 잘 알고 있다. 내가 지금 이 일을 할 만한 상태인가, 아니면 도저히 불가능한 상태인가. 곁에서 지켜보는 사람들이 아무리 뭐라고 해도, 자신만큼 잘 아는 사람은 없다. 이럴 때, 스스로에게 부끄럽지 않은 선택을 해야 한다. 에라 모르겠다, 그냥 잠이나 자자! 이렇게 자신을 기만하는 행동이 하루하루 이어지면, 결국 우리 삶은 무너질 수밖에 없다.

스스로에게 부끄럽지 않아야 한다. 남들이 뭐라고 해도 내 몸이 좋지 않으면 당연히 쉬어야 한다. 마찬가지로, 스스로 생각해보고 이 정도면 견딜 만하다 싶을 때에는 주어진 일 최선을 다해 해내야 마땅하다. 오늘 하루 내가 해야 하는 일에 최선을 다하는 태도가 모든 끌어당김의 시작이다. 하루를 허투루 보내는 사람들에게는 시크릿이고 나발이고 먹히질 않는다. 다락방에서 백날 생생한 이미지를 그려봤자 헛수고다. 오늘, 지금 나에게 주어진 일에 대해 스스로 부끄럽지 않을 만큼 최선을 다하는 마음가짐과 자세. 바로 이것이 내 삶을 풍요롭게 만들고, 바라는 모든 것을 이루게 해 주는 유인력의 시작이다.

감기가 아주 심했던 2~3일을 빼놓고는, 얼마든지 글도 쓰고 책도 읽을 수 있었음에도 불구하고 스스로 감기를 핑계 삼아 게

으름에 빠졌던 자신을 반성하는 의미에서 쓴 글이다. 핑계도 습관이다. 변명도 습관이다. 몸도 마음도 언제나 강직하게 지켜나갈 필요가 있다.

스스로에 대한 과대망상

오래전부터 알고 지낸 후배에게서 전화가 왔다. 어떤 사정으로 인해 힘들게 살고 있다는 소식을 접한 후로 연락이 끊어졌는데, 다시 목소리를 듣게 되니 반가운 마음 가득했다. 한층 고조된 목소리로 안부를 물었지만 그의 목소리는 마치 시한부 선고를 받은 환자의 그것처럼 침울하게 가라앉아 있었다.

"선배, 물어볼 말이 있어서 전화했어요."

순간, 과거의 내 모습이 머릿속을 스쳐 갔다. 분명 돈 문제일 거라고 짐작했다.

"인터넷으로 알아보니까, 지금 제 상황에도 돈을 빌려준다고 하는 곳이 있습니다. 제가 여기서 돈을 빌려도 될까요……."

후배의 상황은 최악이었다. 돌아가신 어머니가 물려주신 작은 집은 이미 담보가 최대로 설정되어 있는 상태였고, 은행을 비롯한 정상 금융권에서도 대출을 한계치까지 받은 모양이다. 카드는 연체로 정지된 지 오래고, 각종 세금에 대한 납부독촉이 시작된 지도 오래됐단다. 지금은 하는 일도 없어서 소득도 전무한 상태. 신용 상태는 말할 것도 없고, 이제는 누가 봐도 더 이상 대출을 받을 수 없다는 사실을 부정할 수 없었다. 그런 후배한테 인터넷에서 누군가 대출이 가능하다고 한 모양이다. 후배는 길이 보이지 않는 상황에서 빛을 만난 것처럼 일말의 희망을 안고 있으면서도 마음 한켠 불안한 마음을 지울 수 없어 나한테 물어보기로 결심한 거다. 안타까운 심정 가득했지만, 나는 후배에게서 희망을 빼앗기로 마음먹었다.

"냉정하게 생각해야 된다. 담보도 없고, 소득도 없고, 신용 상태도 엉망이고, 가진 재산이 한 푼도 없는 너를 도대체 뭘 믿고 돈을 빌려준다고 하는 걸까? 거기서 돈을 빌리면 넌 정말 끝장이야!"

내 말이 끝난 후에도 후배는 여전히 두루뭉술한 이유를 중얼거렸다.

"어떻게든 급한 불부터 꺼놓고 나면 막노동이라도 해서 조금씩 갚아 나가면 되지 않을까요……?"

일어나지 않은 일에 대한 확신.

자기 자신에 대한 대책 없는 믿음.

어떻게든 할 수 있을 것 같다는 실낱같은 희망.

몸은 움직이지 않으면서 생각은 우주를 다녀오는 망상.

하지 않으면서 '하면 된다'는 낙관의 저주.

바로 이런 것들이 우리를 망치는 악마의 속삭임이다. 급한 불 끄고 나면 어떻게 될까? 열심히 일해서 조금씩 갚아 나갈 것 같은가? 천만의 말씀이다. 만약 열심히 일해서 조금씩 갚아 나갈 수 있다면, 급한 불을 무리하게 끄지 않고 지금부터라도 그렇게 해야 한다. 물론 채무독촉에 대한 압박과 심리적 불안은 상당하 겠지. 그러나 견뎌야 한다. 지금의 고통을 견디지 못하고 쉽게 돈을 빌려 막을 생각을 하면 앞으로 더 큰 불행과 절망을 만나 게 된다. 헤어날 수 없게 되는 거다.

내가 참담하게 겪었다. 돈을 빌렸고, 갚지 못했고, 쉽게 갚기 위해 또 빌렸다. 그렇게 빚은 늘어갔고, 결국 인생을 망쳐 버렸 다. 문제를 해결하고 싶은 욕망은 인간이 가진 본능이다. 반대 로 견디는 힘은 너무나 약하다. 시험을 망쳤으면 결과를 인정 하고 받아들이며 부모님께 한 번 혼나는 거다. 그리고 이제부터 열심히 공부해서 다음 시험에 도전해야지. 그렇게 성장하면 된 다. 당장 눈앞의 두려움과 불안함을 이기지 못해 성적표를 숨기 거나 거짓말을 하는 것은 위기를 모면하는 것이 아니라 사태를 더욱 악화시키는 태도다.

당장 급한 불을 끄겠다? 앞으로 열심히 일해서 돈을 갚겠다? 그럼 왜 지금까지는 열심히 일하지 않았고, 왜 지금까지는 한 푼도 갚지 못했을까. 스스로에게 거짓말을 하는 거다. 자기 자신을 속이는 행위다. 많이 아프겠지만, 후배에게 똑똑히 말했다.

"인터넷을 통해 사채를 쓰면, 넌 절대로 갚지 못해! 내 말을 명심해야 한다. 사채를 쓰는 순간 넌 끝장이야. 네 자신을 너무 과대평가하지 마라!"

무슨 일이든 시간이 필요하다. 공부를 잘 하기 위해서는 오랜 시간 열심히 공부를 해야 하고, 영어를 잘 하기 위해서는 오랜 시간 영어 공부를 해야 한다. 살을 빼기 위해서는 오랜 시간 운동을 해야 하고, 건강을 위해서는 오랜 시간 규칙적인 생활을 해야 한다. 좋은 습관을 가지기 위해서는 오랜 시간 같은 일을 반복해야 하고, 한 분야의 달인이 되기 위해서는 오랜 시간 노력해야 한다. 돈도 마찬가지다. 한순간에 일확천금을 벌 수 있는 방법은 없다. 이것이 세상의 진리이자 상식이다. 세 살 먹은 어린아이도 알고 있는 '상식'이란 말이다.

그럼에도 불구하고 자신이 처한 상황 속에 갇혀 버리면 '상식'이 눈에 보이지 않는다. 모든 일이 자기 뜻대로 될 것만 같다. 그렇게 스스로에게 주문을 걸고, 점점 더 시궁창으로 빠지는 거다.

힘들고 어려운 일이 생겼을 때에는 극복하는 순서가 있다.

첫째, 받아들여야 한다.
둘째, 왜 이런 상황까지 오게 되었는지 그 이유를 '나 자신'에게서 찾아야 한다.
셋째, 견뎌야 한다. 무조건 견뎌야 한다.
넷째, 해결 방법을 '상식'의 범위 내에서 생각해야 한다.
다섯째, 혼신을 다해 행동해야 한다.
여섯째, 아무리 오랜 시간이 걸리더라도 포기하지 말아야 한다.

이것이 바로 시련과 역경을 마주하는 자세이다. 후배한테 견디라고 말했다. 그리고 당장 내일부터 막노동이라도 하라고 했다. 힘들고 고통스러울 거다. 누구보다 잘 안다. 그러나 방법은 이것밖에 없다. 중요한 것은, 상식의 범위에서 행동이 뒷받침되면 어떤 문제도 반드시 해결된다는 사실이다. 잘 될 수 있다는 긍정의 마인드는 너무나 훌륭한 사고방식이다. 그러나 구체적인 행동의 이어지지 않는 긍정은 스스로에 대한 과대망상에 불과하다. 매일 게임만 하는 아이가 이번 시험에서 좋은 성적을 받을 수 있을 거라고 큰소리 뻥뻥 치면, 부모 입장에서 이해가 되겠는가. 혹시 어떤 문제로 고민하고 있다면, 극복의 여섯 단계를 잘 인지하고 슬기롭게 이겨내겠다는 결심을 하길. 쉽게 해결하고 싶은 유혹을 견뎌야 두 번 무너지지 않을 수 있다.

내면의 아름다움

6년쯤 전에 있었던 일이다. 강의 가기 위해 샤워하고 거울 앞에 서서 면도하는데 아내가 뒤에서 한 마디 툭 던진다. "염색해야겠다. 당신, 흰머리가 너무 많아."

무심결에 거울 속 내 모습을 들여다보니, 아니나 다를까 여기저기 흰머리가 잔뜩 돋아 있었다. 새치도 있을 테고, 말 그대로 쉰 머리도 있을 테지만 아무튼 보기에 썩 좋지는 않았다. 염색은 무슨. 오래전부터 염색에 대해 부정적으로 생각하고 있었다. 나이 먹으면 흰머리가 생기는 것은 당연한 일이고, 색을 달리 칠하는 것으로 나이를 감춘다는 사실이 못마땅했기 때문이다.

고속버스를 타고 울산으로 향했다. 평일 오후, 울산으로 가는 고속버스는 열 명 정도의 승객이 함께 탑승하고 있었다. 버스가 출발하자마자 바로 옆자리에 앉은 젊은 여자가 가방 안에서 화장품을 꺼낸다. 한 손에는 거울을 들고, 속눈썹을 붙이고, 입술에 립스틱을 바르는 등 아주 짙게 화장하고 있다. 여자가 화장하는 모습을 처음 본 것은 아니지만, 왠지 그 순간만큼은 아름답다는 생각이 전혀 들지 않았다. 옆에 앉은 다른 승객에 대한 배려는 전혀 없었고, 온갖 독한 향을 풍기는 화장품을 마구 발라댔다. 고개를 뒤로 젖히고 눈썹을 까뒤집는 그 모습이 오히려 흉물스럽게 보이기까지 했다. 아름다움을 추구하는 것이 인간의 본능이라는 사실을 잘 알고 있기에, 그저 고개를 돌려 눈을 감고 잠을 청하는 것이 유일하게 내가 취할 수 있는 태도였다.

길을 가다 중학생쯤 되어 보이는 아이들 마주치게 되는 때가 있다. 누가 봐도 중학생이 분명한 여학생들이 얼굴에 진하게 화장을 칠하고 있다. 예뻐지고 싶은 사춘기 여학생들의 마음을 이해하지 못하는 것은 아니지만, 그래도 나는 그 아이들에게 화장하지 않은, 있는 그대로의 모습이 훨씬 더 예쁘다는 사실을 꼭 알려주고 싶다.

나이 들어 흰머리 생기는 걸 감추기 위해 염색하기보다는, 그 나이에 어울리는 인격과 소양을 갖추는 일이 훨씬 더 중요하다고 생각한다. 버스 안에서 부산을 떨며 화장하는 여자보다, 귀에 이어폰을 꽂고 책 읽는 여자의 모습이 훨씬 더 멋있어 보인다. 외적인 아름다움보다 내면의 성숙을 그윽하게 풍기는 사람이 더 깊이 있어 보이는 걸 보니, 아무래도 내가 나이를 먹기는

먹었나 보다. 남들은 이런 나를 꼰대라고 부르겠지. 그래도 아직 앳된 나이의 여중생들이 빨간 립스틱을 바르고 다니는 것보다는, 있는 그대로의 순수한 모습이 훨씬 더 아름답게 여겨지는게 사실이다.

한때는 겉으로 보이는 모습이 아주 중요하다고 생각한 시절이 있었다. 그래서 외모에 신경도 많이 쓰고, 꾸미는 시간도 많이 가졌다. 물론 지금도 겉으로 보이는 모습이 전혀 중요치 않다고 생각하는 것은 아니다. 다만, 속은 텅 비어 있으면서 겉모습에만 치중하는 것은, 아무런 내용도 없으면서 표지만 화려하게 디자인된 책이나 다를 바가 없을 거라는 말이다.

흰머리도 더 많이 나고, 주름살도 지겠지. 나이를 먹어감에 따라 겉모습은 점점 더 노화되어 갈 거다. 누군가를 만났을 때, 단순히 늙었다는 소리를 듣기보다는 "제대로 나이를 먹었다"라는 말을 듣고 싶다. 읽고 쓰고 공부하면서, 나이에 어울리는 품격과 소양을 갖출 수 있도록 노력을 게을리하지 말아야겠다.

6년이 지났다. 흰머리는 더 늘었고, 주름살도 많아졌다. 팔다리는 가늘고 배는 불룩 나왔다. 겉모습보다 내면이 중요하다고 주장했던 나는, 다른 사람들 시선을 의식하기 시작했다. 생의 변화에 순응하는 게 마땅한가. 아니면, 지금에라도 얼굴에 뭐 좀 바르는 게 좋은가. 쿠팡에서 염색약과 남성 피부 노화 방지

크림을 알아보다가 폰을 닫았다. 사람마다 생각이 다를 테니 어떻게 해야 한다는 당위를 주장하기는 어려울 것 같다. 아무튼, 나는 아직도 나이 들어가는 멋과 가꿔야 한다는 생각 사이에서 갈등 중이다.

새벽에 일어나 창문을 열었다. 봄이 오긴 오나 보다. 시간이 흐르면 어김없이 계절이 바뀌듯, 우리 삶도 자연의 순리를 따를 테지.

있는 그대로의 모습으로

멀쩡하게 잘 살다가, 아니 남들보다 훨씬 더 풍족하고 부유하게 살다가 한순간 모든 것을 잃었을 때 내가 가졌던 유일한 생각은 '다시 원래의 모습으로 돌아가는 것'이었다. 예전의 삶으로 돌아갈 수만 있다면 무슨 짓이라도 할 수 있을 것만 같았다. 산산조각난 내 삶을 다시 모아 붙이기 위해 안간힘을 썼다. 점점 더 깊은 수렁으로 빠지기만 했다. 한 번 깨진 삶의 조각들을 다시 붙일 수는 없었다. 그때 느꼈던 절망감이란 이루 말할 수가 없을 정도였다. 이대로 내 인생 끝나는 것은 아닌가 불안하고 초조했으며, 그만 포기하고 싶다는 생각마저 들었다.

글 쓰면서 느낄 수 있었던 첫 번째 감정은 '겸손'이었다. 내가 생각했던 나 자신의 모습보다 훨씬 더 부족하고 모자라고 비어 있는 실제의 내 모습을 만날 수 있었다. 간절히 돌아가고 싶었던 그 옛날의 내 모습이란 애초부터 존재하지 않았던 것. 원래부터 부족했고, 원래부터 모자랐다. 마음을 달리 먹기 시작했다. 삶의 목표를 예전의 모습으로 돌아가는 것에서 '지금 있는 그대로의 내 모습을 인정하고 받아들이는 것'으로 바꾸었다.

부족하고 모자란 내 모습을 그대로 인정하고, 비어 있는 나 자신을 채워나가기 위한 글을 썼으며 그렇게 모은 글을 책으로 출간하게 되었다. "내가 이렇게 잘났으니 당신들도 나처럼 살아라"라는 식의 글이 아니라, "나 같은 사람도 이렇게 살아가고 있으니 당신은 더 잘 살아갈 수 있습니다"라는 내용이다. 쓰면 쓸수록 더 부족한 나를 알게 됐고, 덕분에 삶의 작은 지혜들을 소홀히 여기지 않고 채워나가는 습관을 키울 수 있게 됐다.

우리는 변화하기 위해 애쓰며 살아간다. 더 나은 삶을 살기 위해 매일 열심히. 시시각각 변화하는 세상의 속도를 따라잡기 위해 부지런히 움직이고 있다. 그러나 무엇보다 중요한 것은 있는 그대로의 자기 모습을 인정하고 받아들이는 태도이다. 어떤 환경에서든, 어떤 조건에서든 '나'라는 사람은 사랑받아 마땅한 존재이기 때문이다. 완벽한 사람은 없다. 다들 조금씩 부족하고 모자란 점을 가지고 있다. 내가 부족하다는 사실을 인정하고 나면, 상대방의 부족한 점을 이해할 수 있게 된다. 우리는 이것을 '공감'이라 부른다.

이름조차 없었던 작가들의 책이 선풍적인 인기를 얻는 경우 많다. 이 작가들이 입소문을 타고 서점가를 휩쓸게 된 이유가 바로 따뜻한 '공감'이라고 생각한다. 성공과 속도를 지향하는 세상 속에서, 조금 부족하고 아쉽지만 천천히 그리고 함께 걸어가자는 내용이 독자들의 가슴을 위로했기 때문이겠지.

SNS 세상이다. 하루에도 수백 건 '타인의 삶'이 두 손에 쏟아진다. 그들은 멋있고 아름다우며 풍요롭고 행복해 보인다. 내 모습은 상대적으로 초라하게 느껴지고. 이러한 박탈감은 나 자신을 업신여기는 분위기에 일조한다.

알아둬야 할 사실이 있다. 실제로 자신의 삶이 근사해서 드러내기 바쁜 사람도 있겠지만, 적어도 내가 알기에는 사랑 제대로 받아 보지 못한 사람들이 어떻게든 관심 끌기 위해 SNS를 이용하는 경우가 훨씬 많다는 거다. 실제로 자기 삶이 멋있어서 드러내기 급급한 사람들도 뭔가 가슴속에 공허한 구석이 있으니 그렇게 자랑질하는 것 아니겠는가. 팔로우 수를 늘려 광고 수익이라도 손에 쥐어 보겠다는 안간힘인 것처럼 보이기도 한다. 너무 부정적인 소리만 늘어놓는 것처럼 느끼는 사람도 있겠지만, 내가 하고 싶은 말은 하나다. 남 부러워할 것 하나도 없다. 사람마다 속사정 들여다보면 다들 상처 하나 아픔 두 개씩 다 가지고 산다. 작은 화면에 비치는 그들이 모습만 보면서 스스로 부끄러워하거나 초라하게 느끼지 말란 소리다. 소중하고 귀한 인생인데, 남들과 비교하면서 작게 느끼는 것은 얼마나 어리석은 태도인가.

이제는 더 이상 예전의 삶을 그리워하지 않는다. 돈 많이 벌고, 성공하고, 떵떵거리며 살았던 그 시절보다 부족하고 모자란 지금의 내 모습이 훨씬 편안하고 느긋하며 아름답게 여겨진다. 인정하고 받아들이면, 마음이 참 여유로워진다.

무엇을 두려워하는가

　사람들과 만나서 혹은, 혼자서 가만히 과거를 돌이켜볼 때가 있다. "내가 왜 그랬을까?"라는 생각을 깊이 하기 위해서다. 후회의 개념으로 "내가 왜 그랬을까!"가 아니라, 실질적인 그 '이유'를 사고해 보기 위함이다. 무슨 일이든 원인과 결과를 잘 분석할 수 있으면 두 번 다시 같은 실수를 되풀이하지 않을 수 있기 때문이다. 과거의 내가 잘못된 선택을 했던 이유는 무엇일까.

　사업에 실패하고, 전 재산을 잃었다. 감옥에 갔고, 파산했으며, 알코올 중독에 빠졌다. 그리고 사회에 나와서는 도저히 살아갈 길 막막해서 막노동을 하며 생계를 유지했다. 생각하면 할수록 답답했다. 사업 망한 직후, 왜 나는 아무것도 하지 않았을까? 내 앞에 닥친 문제를 해결하기 위해 행동으로 옮긴 것이 아무것도 없었다. 지금 생각해보면 너무나 한심하기 짝이 없는 태도였다.

아무 것도 하지 않고 '걱정'만 했던 시절. 이유가 있겠지. 도대체 왜 나는 행동하지 않고 '걱정'만 하면서 술에 빠져 나약하게 살았을까? 그것은 바로 '두려움' 때문이었다. 두려움의 실체를 깨닫기까지 꽤 오랜 시간이 걸렸다. 한때는 두려움에 대한 잘못된 오해를 하면서 살았었다. 때문에 두려움을 깨트릴 수 없었다. 돈을 잃는다는 것, 직업을 갖지 못한다는 것, 주변 지인들을 포함한 삶의 모든 것을 잃는다는 것. 나는 이런 사실 자체가 두려움의 근원인 줄 알았다. 나는 두려웠다.

그러나 두려움의 실체는 달랐다. 세상과 사람들로부터 그럴듯한 인정을 받지 못한다는 사실. 참 기가 막힌 노릇이지만, 아무리 생각해봐도 이것이 내가 두려워했던 실체였다. 세상과 사람들로부터 인정받지 못한다는 사실이 그토록 두려웠다니.

대기업에 다니면서 돈도 제법 많이 벌고 남부러울 것 없이 떵떵거리며 살았다. 누구를 만나든 나를 부러워했고, 나는 그런 자만을 즐겼다. 모든 것을 잃은 순간, 이제는 예전처럼 '번듯한' 삶을 살아갈 수 없을 거라는 생각에 미쳐버리는 줄 알았다. 현실을 인정할 수 없었다. 이것은 내 모습이 아닐 거라고 부정하며 살았다. 그렇게 쓸데없는 두려움으로 6년이라는 삶을 통째로 날려버렸다. 현실을 인정할 수 없었다.

두려움의 실체가 '내'가 아니라 '외부세계'에 있다는 사실을 깨달아야 한다. 나 자신의 꿈과 목표, 삶의 이상을 달성하지 못할 수도 있다는 두려움이 아니라 '누군가로부터 인정받지 못한다는 두려움'이 훨씬 크다. 내 삶의 목표를 향해 전진하기보다는 엄마와 아빠의 인정을 받기 위해 열심히 공부하는 학생들이 얼마나 많은가. 연애를 하면, '내가 상대방을 얼마나 진심으로 사랑하는가'에 초점을 맞추기보다 '상대방이 나를 거절하면 어떻게 할까'라는 사실을 더 두려워한다. 회사에서 일을 하면, 내가 이 일을 얼마나 제대로 해낼 수 있는가에 초점을 맞추기보다 상사의 눈치를 보기에 더 급급하다. 글을 쓰면, '내가 얼마나 세상 사람들의 삶에 힘을 줄 수 있는가'에 초점을 맞추기보다 '독자들이 내 책을 비판하면 어떻게 할까'라는 사실에 더 예민해진다. 삶의 중심을 타인에게 두고 살아간다는 말이다.

삶의 대부분을 '타인'이나' '외부세계'에 초점을 맞추며 살아가는 것은 심각한 문제이다. 그래서 상처도 쉽게 받고 좌절도 쉽게 하는 거다. 중심은 언제나 "나 자신"에게 있어야 합니다. 내가 나 스스로를 인정할 수 있어야 하고, 내가 나 자신을 다독거릴 수 있어야 한다. 그래야 용기를 잃지 않을 수 있다. 무슨 일이든, 두려움의 실체가 나 자신이 아니고 외부세계라는 사실을 제대로 깨달을 수 있을 때 비로소 '두려움'을 깨뜨릴 수 있다. 진짜 용기는 내 안에 있다. 두려움의 실체를 똑바로 볼 수 있는, 그래서 내가 가진 모든 두려움을 깨뜨릴 수 있는 인생이어야 한다.

지금, 충분히 멋있다

　자기계발의 종류에는 여러 가지가 있다. 방법을 말하는 것이 아니라 목적에 초점을 둔 이야기다. 자신의 약점을 극복하기 위해 노력하는 사람도 있고, 반대로 강점을 더욱 강화시키기 위해 자기계발을 하는 사람도 많다. 새로운 변화를 추구하는 사람, 목표를 이루기 위해 달려가는 사람 등 다양한 목적을 가지고 배우고 공부한다.

　나는 한때 이 모든 것들을 한꺼번에 시도하며 살았다. 나의 약점을 극복하는 동시에 강점을 개발하고, 새로운 변화도 추구하면서 목표를 향해 달렸다. 어떻게 보면 참 열정적으로 살았다고 할 수도 있겠지만, 결과적으로 나는 늘 지치고 힘에 겨웠다. 뭔가를 이뤄냈을 때의 보람과 희열보다는, 또 다음 목적지까지 가야 한다는 강박과 스트레스가 훨씬 더 컸다.

글을 쓰기 시작하면서 내게는 많은 변화가 생겼다. 하나만 꼽으라면 단연코 '나 자신의 모습을 있는 그대로 인정하기 시작했다'라는 사실이다. 약점도, 강점도 모두 내 모습이다. 굳이 변화하려 애쓰지 않아도 너무나 사랑스럽고 훌륭하고 축복받아 마땅한 존재. 주어진 일 열심히 해내며 살아가는 것은 지극히 바람직한 삶의 태도이지만, '나'를 바꿔야 한다는 생각이 너무 지나친 듯하다. 우리는 태어나는 순간부터 이미 온 세상의 축복을 받았다. 엄청난 성과를 내지 않아도, 돈을 많이 벌지 못해도, 벼슬자리에 앉지 않아도, 좋은 대학에 입학하지 못해도, 결혼하지 않아도, 몸이 좀 불편해도, 우리는 사랑받아 마땅한 존재이다.

글 한 번 써 보라. 내가 참 많이 부족하고, 모자라고, 완전하지 못한 인간이란 사실을 깊이 깨달을 수 있을 거다. 그래서 고개가 숙여지고 몸이 낮아진다. 부족하고 불완전한 인간임을 인정하고 받아들일 수 있어야만 비로소 '나'를 채울 수 있다. 잔이 비었다는 사실을 깨달아야 술을 부을 수 있는 것처럼. 물론, 글을 쓰고 책을 출간하는 사람 중에도 책 좀 냈다며 머리가 꼿꼿해지는 이들이 없지는 않다. 그러나 그런 사람들은 우리가 굳이 콕집어내지 않아도 결국에는 외톨이가 될 수밖에 없다. '자만과 오만에 빠진' 책 쓰기는 결코 독자의 가슴에 전해질 수 없기 때문이다.

자신의 진짜 모습을 있는 그대로 만날 수 있어야 한다. 아! 내가 부족한 사람이구나. 더 배우고, 더 공부하고, 더 성장해야겠구나. 그래서 누군가의 삶에 조금이라도 보탬이 될 수 있도록 가치 있는 삶을 살아야겠구나.

약점을 극복하고, 강점을 개발하기 위해 노력하는 것도 훌륭한 삶의 태도이다. 그러나 있는 그대로의 내 모습을 '부정' 하거나 '못마땅해' 하는 것은 바람직하지 못하다. 잘못된 '나'를 뜯어 고치기 위해 살아가는 것이 아니라, 다만 부족한 '나'를 채우며 살아가는 것. 참 열심히 살고 있다. 얼마나 기특한가! 부족하고, 모자라고, 불완전한 존재임에도 불구하고 이토록 열심히 살고 있으니 그 사실만으로도 사랑받고 칭찬받고 인정받기에 모자람이 없는 거다.

누구한테 사랑받고 칭찬받고 인정받아야 할까? 바로 나 자신으로부터이다. 내가 '나'를 인정하지 않는데 누가 '나'를 인정해 주겠는가. 이삿짐 나르는 아저씨가 도자기 하나를 들고 어디에 놓을지 묻는다. 아무 데나 대충 놓아두라고 하면 그 아저씨도 당연히 별것 아니라고 여길 테지. 아주 귀한 도자기니까 절대로 주의해서 다루어야 한다고 말한다면, 그 아저씨도 아마 손에 땀이 흐를 거다. 아무 데나 놓아도 상관없는 도자기가 될 것인지, 주의해서 다뤄야 하는 귀중한 도자기가 될 것인지는 '내'가 정한다. 자신의 삶을 '아무 데나 놓아도 상관없는 허접한 도자기'로 만들고 싶은 사람은 아무도 없을 터다.

지금 서 있는 그 자리, 지금 나와 당신의 모습이 최고다. 있는 그대로의 모습과 생각으로 살아내며, 그 이야기를 글에 담는다. 그렇게 하면 세상에 둘도 없는, 오직 하나뿐인 책이 만들어진다. 있는 그대로의 내 삶에 가치를 부여할 수 있는 최고의 방법이다.

나이 오십은 얼마나 위대한가

　서럽고 분하다는 마음으로 쓰기 시작한 책인데, 집필하는 동안 오십이란 나이가 최고란 생각 지울 수가 없었다. 스무 살엔 친구들이랑 노느라 바빴고, 서른에는 직장 다니면서 일하느라 정신없었고, 마흔에는 사업 실패와 절망에 이어 다시 일어서기까지 밤낮없이 달렸다. 이제야 고개 들어 세상을 보고 인생도 살핀다. 나는 잘 살아왔는가. 나는 어디를 향해 나아가고 있는가. 나는 지금 부끄럽지 않은가. 나는 어떤 사람을 어떻게 도울 수 있는가. 내 인생의 종착점은 어디인가. 스스로 이런 질문을 던지면서 때로는 선명한 답을 하고, 또 때로는 입도 떼지 못하면서 그렇게 나와 내 인생을 조금씩 찾아가고 있다. 오십이라 가능한 일이다.

　인생을 바꾸는 가장 쉬운 방법은 곁에 있는 사람을 바꾸는 거라고 한다. 새로운 사람들과 함께하다 보면, 말이 바뀌고 행동이 바뀌고 습관이 바뀐다고. 그래서 인생도 그들처럼 바뀌어 간다고. 나는 여기에 조금 다른 말을 섞고 싶다. 나이 오십에 이른 사람은 곁에 다양한 사람을 두어야 한다. 스무 살도 만나고 삼십 대와도 어울리고 마흔과도 밥을 먹는다. 다행히도 나는 직업이 작가이고 강사이다 보니 남녀노소 다양한 나이와 직업군에 속한 사람들을 매일 만난다. 나이에 어울리는 품격을 갖추는 것도 중요하지만, 나이와 상관없이 여러 사람들과 어울릴 수 있어야 진정으로 삶을 즐길 수 있다고 생각한다. 비슷한 나이, 비슷한 직업, 나와 잘 맞는 사람들. 이렇게 구분하고 분리해서 내 입맛에 맞는 사람들과만 어울리다 보면, 생각도 가치관도 하나의 줄기를 벗어나지 못한다. 나보다 어린 사람에게서 인생을 배우고 나보다 나이 많은 사람에게서 지혜를 배우다 보면, 오십이란 나이에도 얼마든지 성장하고 발전할 수 있지 않겠는가. 사람 구분하지 말고 섞이고 어울리는 습관이 "이 나이에 무슨"이라는 푸념을 쏙 들어가게 해 준다.

챗GPT를 비롯한 첨단 기기가 손안에 들어온 세상이다. 배워야 한다. 그런 거 몰라도 잘만 산다는 식의 배짱은 통하지 않는다. 오래전에야 나이 먹으면 뒷방 늙은이 될 수도 있었지만, 이제는 눈 감는 순간까지 성장하고 변화할 수 있다. 배우는 사람은 늙지 않는다. 배움을 멈추는 순간부터 노화는 시작된다. 작은 기기, 깨알 같은 글씨 보면서 공부하고 학습하는 게 쉽지만은 않다. 그럼에도 기본은 다룰 줄 알아야 한다. 시대 흐름에 뒤처지지 않는 사람은 오십 아니라 백 살이라도 삶을 누리고 즐길 수 있다. 학교 공부야 잘 익힌 사람도 있고 그렇지 못한 사람도 있을 수 있지만, 변화하는 세상 공부는 누구에게나 기회 열려 있고 얼마든지 자기 것으로 만들 수 있지 않은가. '할 줄 아는 사람'이 이긴다. 무엇이든 두려워 말고 당장 공부를 시작하길.

꼰대 같은 소리 한마디만 더 하고 펜을 놓으려 한다. 어른 공경할 줄 알아야 제대로 된 사회 만들 수 있다. 정치인들이 어떤 발언을 하든, MZ 세대의 특성이 어떠하든, 나보다 먼저 세상을 경험한 이들을 존중하고 그들로부터 배우겠다는 마음가짐 잃지 말아야 나도 나라도 바로 선다. 영원한 젊음은 없다. 대접받고 싶으면 먼저 대접하라 했다. 나이 먹어 설움 당하지 않으려면 어른 잘 모실 줄 알아야 한다.

인간관계 모두 마찬가지다. 내가 대우받고 싶은 대로 남을 대해야 하는 거다. 내가 가장 잘못하면서 살았던 부분이기도 하다. 똥고집만 내세우며 나와 다르게 생각하는 사람들을 '틀렸다'라고 몰아세웠다. 덕분에 인생살이 꼬였고 갖은 고생 다 하면서 여기까지 왔다. 무조건 남의 눈치를 보거나 남의 말에 휘둘리는 인생은 바람직하지 않다. 그러나, 세상에는 나와 다르게 생각하는 사람이 차고 넘친다는 사실도 받아들여야 한다. 살아 보니 그렇더라. 내가 남 싫어하는 만큼 남들로부터 미움받는다. 우리가 무슨 부처님도 아니고, 세상 사람 모두 끌어안고 이해하고 품어 줄 수는 없겠지. 그러나, 주변 사람에게라도 친절하고 베푸는 습관 꼭 길러야 한다. 인생, 결국은 사람이다. 사람 사랑할 줄 알아야 행복한 성공도 가능한 법이다.

십 년쯤 더 살다가 예순에 이르면 '나이 예순'에 관한 책을 한 권 더 쓰려고 한다. 그때가 되면, '오십은 참 열심히, 그리고 행복하게 잘 살았다!'라고 쓰고 싶다.

2025년 봄에
이은대